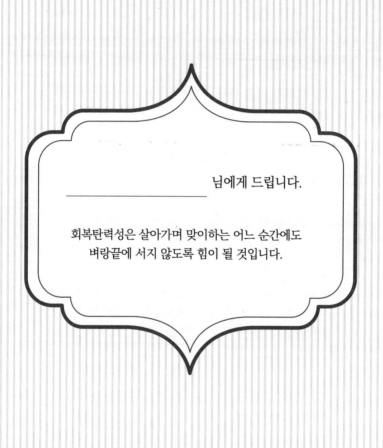

_____ 님에게 드립니다.

회복탄력성은 살아가며 맞이하는 어느 순간에도
벼랑끝에 서지 않도록 힘이 될 것입니다.

스트레스를 견뎌내고
다시 일상으로 돌아오는 긍정의 힘

Resilience

회복탄력성

―――――――――――――

스트레스를 견뎌내고 다시 일상으로 돌아오는 긍정의 힘

Resilience 리질리언스

초판 1쇄 인쇄 2021년 12월 03일
초판 1쇄 발행 2021년 12월 10일

지은이 조엔 보리샌코
옮긴이 안진희
펴낸이 백유창
펴낸곳 도서출판 더 테라스

신고번호 제2016-000191호
주 소 서울 마포구 양화로길 73 6층
Tel. 070-8862-5683
Fax. 02-6442-0423
seumbium@naver.com

ISBN 979-11-958438-8-6 03320

값 12,500원

도서출판 더 테라스는 안진희님과 연락하기 위해 노력했으나 부득이하게 협의하지 못한 체로 출간하
게 되었습니다. 그러나 지속적으로 노력하여 협의할 수 있도록 최선을 다하겠습니다.

Resilience

스트레스를 견뎌내고
다시 일상으로 돌아오는 긍정의 힘

회복탄력성

도서출판 THE TERRACE

For my husband, Gordon F Dveirin

I waited so long for you

And it was worth every seconds

희망이 전부입니다.

'애벌레가 세상의 끝이라고 부르는 것을 그분은 나비라고 부르신다'
- 리처드버크-

새로운 세계가 빛의 속도로 우리 눈 앞에 펼쳐지고 있습니다. 어떤 사람들은 잘 적응할 수 있을 것이고, 또 어떤 사람들은 그렇지 못할 것입니다.

어느 날 갑자기 자기 의지와는 전혀 상관없이 해고당한 한 프로그래머는 집으로 돌아가서 실로폰을 휴대폰으로 연주할 수 있는 앱을 만듭니다. 이 앱은 열 달이 지나가기도 전에 애플의 앱 판매스토어에서 인기를 끌어 엄청난 판매수익을 올리며 모든 프로그래머가 꿈꾸는 위치로 날아오르고 백만장자가 됩니다. 한편 해고당한 또 다른 프로그래머는 스트레스로 가득 차 걱정하고 매일 지루해하고 우울해하며 의미 없이 세월을 보냅니다.

이 두 부류의 사람 사이에는 어떤 차이가 있을까요?

저는 항상 이 질문에 매력을 느껴왔습니다. 이들의 받은 외부 환경의 충격은 똑같지만, 이들은 근본적으로 완전히 다른 방법으로 각자의 변화에 반응합니다. 한 사람은 포기하고. 다른 한 사람은 도약합니다. 한 사람은 과거에 매달리고, 다른 한 사람은 스스로 미래가 됩니다.

미래는 당신에게 일어날 어떠한 것이 아니라 '당신 스스로 만들어내는 것입니다. 이러한 사실을 똑바로 이해하는 것이 바로 변화의 시대에 살아남고 성공할 수 있는 열쇠입니다. 이것이 이 책이 이야기하고자 하는 전부라 할 수 있습니다.

우리는 21세기에 일어나는 엄청난 사건들과 이야기들을 알고 있습니다. 지구의 기후변화는 점점 더 심각해지고 있으며 전 세계에 많은 동식물이 떼죽음을 당하고 많은 동식물이 멸종을 앞에 두고 있습니다. 테러리스트들은 공포와 불확실성을 확산시키고 있으며 국내외를 막론하고 생존을 위협하고 있습니다. 또한 급변하는 세계의 경제 상황은 기업들을 생존을 위해 매일 치열한 전쟁터로 내몰고 있습니다. 세계 인구는 기하급수적으로 늘어나고 이미 크게 일어난 전염병과 유행병은 펜데믹(pandemic)이 되어 지구촌을 장기간 힘들게 하고 있으며 언제라도 더 크게 일어나도 이상하지 않을 정도로 곳곳에 도사리고 있습니다. 그리고 이 모두는 이제 너무나 익숙해진 이야기의 서두에 불과합니다.

하지만 이 포스트모던 시대의 이야기들, 이미 지나버린 과거와 우리가 가질 수 있는 혁신적이고 지속 가능한 미래 사이의 간격을 이해할 수 있는 더 희망적인 방법이 있다면 어떨까요?

불확실한 미래가 던져주는 불안감에도 불구하고 풍요로운 삶을 살아가고 새로운 내일을 만들어가는 사람들은 바로 이처럼 소용돌이치는 시대 속에서도 희망을 볼 줄 아는 비전과 회복탄력성을 갖춘 사람들입니다.

작고한 물리학자 일리아 프리고진은 소산구조dissi-pative

structures에 대한 이론으로 1977년에 노벨상을 수상했습니다. 이 이론을 간단하게 설명하면, 소립자에서부터 인류에 이르기까지 모든 생태계는 현재의 구조 수준이 불안정해지는 어떠한 지점에 도달한다는 것입니다. 그 후 이 시스템들은 소산消散, 곧 흩어지고 사라집니다. 낡은 시스템이 붕괴할 때 그것은 과거의 결정론에서 벗어나 더 나은 방식으로 재구성할 수 있습니다. 프리고진은 이러한 압도적 사건을 '더 높은 질서로의 탈출'이라고 명명했습니다. 이것이 우리가 이 순간 서 있는 역사적 지점입니다. 우리가 직면한 변화들이 당장에는 혼란스럽고 불안해 보이겠지만 거대한 가능성을 여는 서막일 수 있습니다.

위기危機라는 한자에는 '위험'과 '기회'라는 두 가지 의미가 함께 들어가 있습니다. 위험은 익숙한 것을 잃어버릴지도 모른다는 공포에 굴복하는 것입니다. 이러한 공포는 창조성에 독으로 작용합니다. 단지 생존만을 추구할 때 사람들은 '약물, 알코올, 미디어, 이데올로기'와 같은 '안전한 피난처'에 의존하며 퇴행하려는 경향을 보이기 때문입니다.

반면 '기회'는 안전지대에서 벗어나고 축출되는 데 있습니다. 항상 동굴 안에서 살던 사람이 갑자기 동굴 밖으로 나갔을 때 어느 정도의 적응하는 시간이 필요한 것처럼, 눈을 크게 뜨고 열린 마음과 호기심 어린 가슴으로 주위를 바라본다면 완전히 새로운 가능성과 세계가 본 모습을 드러낼 것입니다.

이 책의 목적은 당신이 공포를 극복하고 스트레스를 덜 받을 수 있도록 돕고, 회복탄력성이 높고 창조적인 사람들의 사고방식과 행동방식을 도울 수 있도록 돕는 것입니다. 예언이란 무척 무모한 일이지만 희망에 차 있고 스트레스에 강한 사람들이 세상을 주도할 것입니다. 스트레스에 취약한 사람들은 변화와 불확실성이 속도를 더할수록 점점 더 경쟁력을 상실한 것입니다. 이 책을 읽고, 다가오는 새로운 세계에서 당신의 자리를 꼭 찾으시길 바랍니다.

스트레스를 견뎌내고
인생의 방향을 바꾸는 법

"우리는 모두 시궁창 속에서 살아가고 있지만,
그중 어떤 사람들은 하늘의 별을 쳐다본다"
– 오스카 와일드

2008년 가을, 미국 경제가 무너진 지 얼마 지나지 않았을 때, 나는 약 천 명의 사람들이 참석하는 회의에서 스트레스를 강인함으로 전환하는 방법에 대해 강연을 할 예정이었다.

나는 스트레스에 꽤 강한 편이었지만, 내 의지와 상관없이 벌어진 도저히 믿을 수 없는 격변에 저항할 만한 힘을 가지고 있지는 않았다. 내가 힘들게 모은 노후 대비 자금의 3분의 1을 주식시장에서 잃어버리고서, 나는 나머지 돈마저 털어넣어야 할지 아니면 뒷마당에 그냥 묻고 보관하는 것이 좋을지 확신하지 못한 체, 막다른 벼랑 위에 아슬아슬하게 서 있었다. 반면 지금의 상황이 인간의 본성을 관찰하기에 제격이라는 생각도 했으며 다른 사람들은 경제적으로 엉망진창이돼버린 이 지경에서 어떻게 대처하고 있을지는 궁금하기도했다. 그리고 놀랍도록 다른 두 가지 대처유형을 그날 회의에서 만날 수 있었다.

따뜻한 노스캘롤라이나의 저녁이 찾아올 무렵 나는 회의장소에 도착했고 몇몇 연사들이 저녁 식사를 위해 모여 있었다. 그들 중 일부는 제법 유명하고 무척이나 부유한 사람들이었다.

한 저명한 재정전문가가 생선을 먹으면서 말했다.

"월스트리트에 당신의 도움이 필요할지 몰라요."
"모든 것을 잃어버리고 스스로 목숨을 끊은 남자를 하나알고 있어요. 정확히는 창문 밖으로 뛰어내렸죠."

이상한 침묵이 방 안에 무겁게 내려앉았다. 바깥의 달빛 어린 들판에서 스며들어오는 개구리와 귀뚜라미의 소리만이정적을 깨뜨리고 있었다. 나는 누군가의 아들이고 남편이자

아버지일 젊은 남자가 인생을 다시 살아보려고 노력하는 대신 포기와 죽음을 선택한 것이 너무나 마음이 아팠다. 그 재정전문가는 다시 나를 건너다보며 말했다.

"제 명한첩에 있는 사람 전부가 당신의 서비스를 필요로 할 겁니다."

그러고 나서 그는 빙그레 웃고는 진지하게 말했다.

"명심할 건 세상의 모든 일은 이중적이라는 거예요. 떨어지는 게 있으면 올라가는 것도 있기 마련이죠. 경제가 현재 최악의 상태의 빠져 있다면, 스트레스 관리는 날개를 달았다고 할 수 있습니다."

"점쟁이도 마찬가지죠."

나는 대답했다.

"이 시점에선 그 사람들이 경제학자들보다 훨씬 많이 알고 있을 거예요."

우리는 마음을 드러내지 않고자 모두 일제히 억지로 크게 웃고 나서 다시 식사에 열중했다. 몇 분 후 사람들은 자리를 뜨기 시작했고 나는 차를 한잔 마시러 갔다.

"데본이란 사람은요……."

연사 중 한 사람(그녀의 강연 주제는 '사업계획'이었다)이 커피잔을 들고 말을 꺼냈고, 우리는 함께 둘러서서 잠시 화기애애한 시간을 가졌다. 그녀는 나에게 인상적인 이야기를 하나 들려주었다.

일 년 전만 해도 데본과 그녀의 남편은 주택담보대출 중개 회사와 부동산 중개소를 성공적으로 운영하고 있었다. 하지만 주택시장이 무너지자 그들의 회사도 같은 운명에 처했다. 몇 개월이 채 지나지 않아 그들은 파산했고, 50만 달러 이상의 빚을 지게 됐다. 호화스러웠던 집이 통째로 날아갔고, 그들이 즐겼던 풍요로운 물질적 혜택은 공중으로 사라져버렸다.

아직 어린 세 딸을 포함한 그녀의 가족은 작은 아파트로 이사를 가야만 했다. 하지만 몇 달을 넘기지 않아 데본과 남편은 노인들의 낙상을 방지하는 제품을 개발하고 판매하는 사업을 시작했다. 사업이 성장하려면 시간이 다소 걸릴 테지만 대본은 편안하고 자신감이 넘쳐 보였다.

"최근 몇 년간 가족과 이렇게 가깝게 지내본 적이 없어요. 물론 금전적으로 힘든 건 사실이지만 우리 모두 똘똘 뭉쳐 아주 잘 해내고 있어요. 저는 현재 집에서 일하고 있고 덕분에 아이들을 더 많이 볼 수 있지요."

그녀는 말한다.

"인생은 짧아요. 그리고 물질적인 것은 한순간이라는 사실을 너무나 자세히 그리고 마음 깊이 알게 되었죠. 성공할 때가 있으면 실패할 때도 있는 법이죠. 진부하게 들릴지 모르지만 서로 사랑하는 게 가장 중요하다고 진심으로 느낍니다. 사람들은 이해하지 못할 수도 있지만 전 우리가 겪고 있는 큰 변화에 오히려 감사하는 마음입니다. 전 완전히 달라졌어요. 조금 더 현명해졌고 엄청 더 행복해졌지요."

'당신'은 누가 되고 싶은가? 절망에 빠져 창문 밖으로 뛰어내렸던 월스트리트의 증권 중개인이 되고 싶은가. 아니면 경제적으로 부유하고 성공적이었던 과거보다 더 마음에 드는 미래를 벌써 만들어가고 있는 데본이 되고 싶은가? 새로운 사업이 성공할지 아직 미지수지만 그녀는 이미 행복하다. 그녀는 일어날지, 안 일어날지 알 수 없는 불확실한 사건들에 감정을 저당 잡히는 과오를 저지르지 않는다.

데본과 증권 중개인 사이의 차이는 내게도 그리 낯선 이야기가 아니었다. 만성적으로 스트레스에 시달리고 근심이 많았던 내 아버지는 암과 함께 살아가는 대신 창문 밖으로 뛰어내리는 것을 택했다. 30년도 더 지난 이야기다. 아버지의 갑작스러운 죽음에 충격을 받은 나는 보스턴의 터프츠 의과대학에서 암세포 생물학자, 해부학과 세포생물학 조교수로서 안정적이고 성공적으로 쌓아가던 커리어를 삶에서 다 놓아버리게 만들었다.

많은 동료들이 7년 동안의 대학원 과정과 수련 과정을 모두 물거품으로 만들며 하필 종신 교수직으로 올라서기 직전에 모든 것을 포기해버린 내 결정에 대해 제정신이 아니라고 생각했다. 하지만 나는 그때 메타노이아 metanoia 곧 '인생의 방향을 바꿔버리는 마음의 변화'를 겪었던 것이다. 나는 암 '세포'에 대해서 많이 알고 있었지만 정작 암에 걸린 '사람들'에 대해서는 아는 바가 거의 없었다. 스트레스에 시달리는 사람들이 회복탄력성을 높일 수 있도록 도울 수 있다면, 아버지의 죽음에 어떤 의미를 부여할 수 있으리라는 생각이 내 마음속 유일한 희망이었다. 그리고 바로 이것이 나를 인도해주는 비전이자 마음 깊은 곳의 소명이 되었다.

운이 따라준 덕분에 나는 행동 의학이라는 새로운 분야에서 수련 과정을 다시 시작할 수 있었고, 동료이자 멘토인 허버트 벤슨 박사와 함께 하버드 의과대학 병원에 '정신-지체 통합의학 클리닉'을 설립할 수 있었다. 벤슨 박사는 '이완 반응relaxation reponse'의 발견으로 유명한데, 이완반응이란 스트레스 반응에 대해 우리 몸이 본래 가지고 있는 해독제를 말한다.

우리 클리닉은 곧 스트레스와 관련된 장애, 만성 질병, 에이즈, 암 등으로 고통받는 사람들을 위한 곳으로 자리 잡았다. 1988년에 클리닉을 떠나기까지 나는 각계각층의 사람들과 광범위한 문제에 도전했다. 이때 수많은 사람들과 회사들, 병원들과 함께 했던 경험은, 갑작스럽게 겪는 변화 때문에 사는 것 자체가 엄청난 문제가 될 때 최선의 삶을 살기 위해서 어떻게 해야 하는지에 대해 깊이 통찰할 수 있게 해주었다.

나는 지금까지 알게 된 '비밀들'을 여러분과 나누고 싶은 마음이 간절하다. 이것은 또한 내 아버지가 우리 모두에게 주는 마지막 선물이기도 할 것이다.

이 책은 다음과 같이 구성되어 있다. 1부는 변화에 직면했을 때 유연하게 대응하고 잘 적응하기 위해 필요한 기초 사항들을 제공하는 4개의 장으로 구성되어 있다. 1부에는 데본 같은 사람들과 안타까운 증권 중개인 사이에 어떤 차이점이 있는지 30년 동안의 연구를 통해 밝혀진 사실들이 총망라되어 있다.

또 회복탄력성이 아주 강하고 창조적인 사람처럼 행동할 수 있게 도와주며, 실제로 시도해볼 수 있도록 해주는 '사고틀'을 제시한다. 2부는 사고방식과 인생을 바꿀 수 있도록 우리 뇌의 새로운 신경 경로를 발달시키는 방법을 제시한다. 그리고 3부는 자신의 가치를 정확히 알고 궁극적인 비전과 목적을 발견할 수 있도록 안내해준다.

　나는 당신이 두려움과 공포를 손에 쥐고 있으면서도 그것
에 손을 데지 않을 수 있는 방법을 알려주기 위해 이 책을 썼
다. 이미 당신은 충분히 그럴 수 있음을 나는 알고 있다. 당신
에게 어떠한 일이 벌어지고 있든 간에 이것 하나만 기억하기
바란다. 지금이 결코 세상의 끝은 아니다. 오히려 당신 안에,
우리 모두의 안에 잠들어 있는 거인을 깨워 일으켜야 할 순
간이다. 이 거인은 세상을 다시 세울 준비가 되어 있으며, 충
분히 당신은 그렇게 해낼 것이다.

CONTENTS

CONTENTS

PART 3
미래는
스스로
만들 수 있다

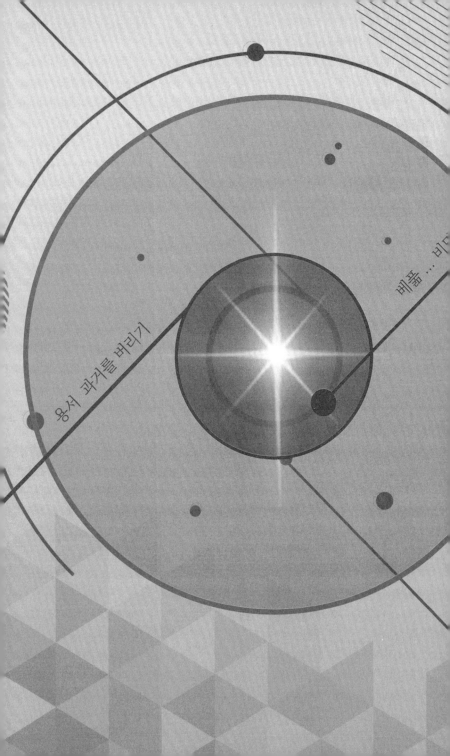

스트레스를 견뎌내고
다시 일상으로 돌아오는
긍정의 힘

회복탄력성

Part 1

Chapter 1

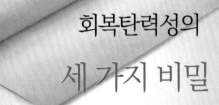

회복탄력성의

세 가지 비밀

"잠을 푹 자고 운동을 많이 하세요.

좋은 음식을 드세요.

기도를 하세요.

그리고 키우는 개에게 잘해주세요."1

– 영화배우 미키 루크

('고통의 시기에 어떻게 살아남고 회생할 수 있었는가'의 질문에 대한 대답 중에서)

나는 CNN 방송국 대기실에서 딱딱해진 베이글이 놓여 있는 접시를 앞에 두고 앉아있었다. 방송국 대기실은 처음 가본 사람에게는 전혀 활기찬 곳이 아니다. 라디오나 TV 쇼에 출연하기 위해 기다리고 있는 긴장감과 초조함이 가득찬 사람들로 북적대는 곳일 뿐이다. 나는 심리학자 소니아 프리드먼이 진행하는, 생동감 넘치고 지적인 토크쇼 〈소니아 라이브〉에 출현해 나의 첫 책 ≪몸을 돌보고 마음을 치유하기minding the body, mending the mind≫을 소개할 예정이었다. 딱딱해진 베이글 옆에는 소니아의 최신 저서 ≪똑똑한 쿠키는 부서지지 않는다.smart cookies don't crumble≫가 놓여 있었고 이 위트 넘치는 책 제목처럼 마음 먹으려 무던히 애썼지만, 심장이 쿵쾅거리는 소리가 귀까지 들려와 넋이 나갈 지경이었다.

'여기서 부서지지 말자. 조앤' 나는 스스로에게 말했다.
'이 인터뷰는 재난의 전조가 아니야. 너의 메시지를 세상에 알릴 수 있는 소중한 기회라고.'

나는 정신을 바짝 차리고 화면상에 비치지 않는 기다란 카메라 선들의 미로를 지나 세트장에 들어섰다. 이마에 송알송알 맺히는 식은땀을 훔치며 나는 소니아의 건너편에 있는 의자에 앉았다. 그녀는 균형이 잘 잡혀 있고, 침착했으며 정신-지체 통합의학에 큰 관심을 보였다. 수년 동안 그 자리를 지켜온 두말할 필요 없는 프로였다. 반면 나는 완전히 새로운 상황에 내던져진 아마추어 그 자체였다. 설상가상으로 엄마가 지켜보고 계셨으며, 자칫 잘못하다간 망신살이 전국으로 뻗을 태세였다. 처음에 나는 가벼운 공황상태에 빠져있었지만, 점차 흥분을 가라앉히고 평정을 되찾을 수 있었다. 나는 그 상황에서 살아남았을 뿐 아니라 인터뷰가 끝나갈 때쯤에는 살짝 즐기기까지 했다.

스트레스를 견뎌내고 다시 제자리로 돌아오는 이와 같은 힘을 '회복탄력성resilience'이라고 한다. 이것은 마치 물이 어떠한 모양의 그릇에 담겨도 그 모양대로 변하듯이 다양한 환경에 적응하면서 살아가는 유연한 삶의 방법이다. 또 회복탄력성은 질병, 이혼, 실직, 재정 문제, 학대, 전쟁, 테러 등 심각한 스트레스 상황에 직면해서도 삶을 용기 있게 긍정하는 태도다.

스트레스와 회복탄력성

스트레스와 회복탄력성이 어떻게 작용하는지 조금 더 자세히 살펴보도록 하자. 고무 밴드를 상상해보라. 고무 밴드를 죽 잡아당기면 고무 밴드는 팽팽한 긴장 상태(스트레스 상태)가 된다. 하지만 고무 밴드를 놓으면 (스트레스를 방출하면) 그것은 다시 원래의 모양으로 돌아온다. 이것이 가장 기본적인 종류의 회복탄력성이다. 하지만 고무 밴드를 잡아당긴 상태에서 오랫동안 그대로 있으면 고무 밴드는 피로를 느끼기 시작하고 결국 한계 상태에 다다른다.

인간의 몸과 마음에도 똑같은 원리가 적용된다. 우리는 오랜 시간 동안 스트레스를 받으면 한계 상태에 다다를 수밖에 없게 된다. 연구에 따르면 병원을 찾는 사람들의 75% - 90%는 스트레스에 의해 야기된 상태 혹은 스트레스 때문에 더 심각해진 상태 때문에 진료를 받는다고 한다. 여기에는 두통, 소화불량, 불임, 기억력 감퇴, 심장 질환, 알레르기, 고혈압, 면역력 저하, 당뇨병, 요통, 피로, 불안, 우울 등, 기타 많은 질병이 포함돼 있다.

비상사태로 인해 갑작스럽게 '긴장 상태stretching'에 빠질 때, 대부분의 건강한 사람들은 가지고 있던 능력을 발휘해 문제에 맞선다. 선에 발이 걸려 노트북이 책상 옆으로 떨어지고 있는 상황에 노출해 있다고 상상해보자, 미처 생각할 겨를도 없이 몸에서 아드레날린이 배출되기 시작할 것이고, 당신은 보스턴 레드삭스 야구팀의 외야수나 가지고 있을 법한 민첩성을 발휘할 것이다. 운이 좋다면 노트북을 받아낼 수도 있을 것이다! 이처럼 운동신경이 순식간에 월등해지는 현상은 '투쟁-도피 반응fight-or-flight reponse'이라 불리는 자동 증폭 시스템 때문인데, 이는 인간의 가장 기본적 본능인 생존본능으로 인해 생겨난다. 비상사태가 일단 수습되면 당신은 '고무 밴드'처럼 이완되고, 다시 균형과 평온의 휴식 상태로 돌아오게 된다.

하지만 만일 스트레스를 일으키는 원인이 사라지지 않는다면 어떻게 될까? 우리의 삶은 짧은 포물선을 그리며 떨어지는 노트북보다 훨씬 더 복잡하다. 악화일로의 경제 상황에서 구제금융을 받으려 애쓰는 회사나, 쌓여가는 신용카드 빚을 돌려막고 있는 가정이나, 퇴직하기 직전에 연금을 다 날려버린 개인이 받는 스트레스처럼, 만성적이고 심각한 스트레스를 단순히 '투쟁-도피 반응'으로 해결하기란 힘들다. 만약 당신이 긴장 상태에서 계속 벗어나지 못한다면 스트레스가 만성적으로 존재하게 될 것이고 당신은 질병, 우울, 화, 불안 등에 더 취약해질 것이다. 그리고 회복탄력성이 강한 사람들처럼 인생을 창조적인 모험으로 받아들이고 즐기는 대신에, 삶의 방관자가 되어 한 발자국도 움직일 수 없는 상태에 빠질지도 모른다.

스트레스 수치를 측정하고 이 스트레스 수치와 질병과의 관계를 알아보는 가장 유명한 척도 중 하나는 토머즈 홈즈와 리처드 레어라는 정신과 의사들에 의해 1967년에 만들어졌다. 이들은 생애전환단위life change units, LCUs라는 척도를 이용해 스트레스를 측정했다.

예를 들어, 인생에서 가장 극심한 스트레스를 일으키는 변화는 배우자의 죽음으로, 100LCUs다. 결혼은 50LCUs다. 제대로 치우지 않는 사람과 사는 것, 가계부를 적고 지출 계획을 짜는 것, 사랑하는 사람이 코를 곤다는 사실은 알게 되는 것과 같은, 사소하지만 경험하지 못했거나, 자신과 다른 삶의 방식의 차이가 일으키는 스트레스가 주는 인생의 변화에 속한다. 소액 대출을 받거나 주택담보대출을 받는 일을 1960년대 중반까지만 해도 17LCUs 밖에 되지 않았다. 그러나 요즘처럼 실직이나 압류가 엄청나게 빈번할 때는 그 수치가 달라질 수밖에 없을 것이다.

홈즈와 레어는 수천 명의 사람들을 테스트했고, 그들의 스트레스 수치와 건강 간의 관계에 대해 연구했다.[2] 그 결과 이들은 사람들의 스트레스 수치가 높을수록 몸이 아플 가능성 또한 높아진다는 사실을 밝혀냈다. 수치가 300LCUs 이상이면 병에 걸릴 위험성이 매우 높았고, 150~300LCUs면 병에 걸릴 위험이 중간 정도 되었다.

– 나의 스트레스 수치는?

현재 얼마나 스트레스를 받고 있는지, 얼마나 편안한지에 따라 다음 페이지에 있는 차트에 손가락을 짚어보라. 이 방법을 통해 스트레스 수준이 현재 어느 정도인지 간단히 알아볼 수 있다. 20인가? 30인가? 아니면 75인가?

매일 같은 시간에 검사를 해보기 바란다. (단 식사 전에 하기 바란다. 뭔가를 먹는 일은 보통 긴장을 풀어주기 때문이다.) 그리고 아래에 있는 차트에 한 달 동안 측정한 수치를 기록하기 바란다.

이 책에 나와 있는 방법들을 실천하면서 수치가 점점 낮아지는가? 만약 그렇지 않다면 전문적인 도움을 받는 것에 대해 진지하게 고려해보기 바란다.

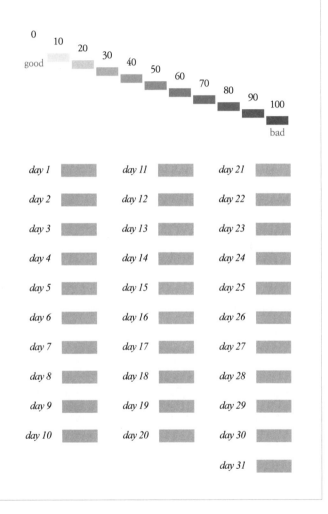

나의 스트레스 수치

0
10
20
30
40
50
60
70
80
90
100

good

bad

day 1		*day 11*		*day 21*	
day 2		*day 12*		*day 22*	
day 3		*day 13*		*day 23*	
day 4		*day 14*		*day 24*	
day 5		*day 15*		*day 25*	
day 6		*day 16*		*day 26*	
day 7		*day 17*		*day 27*	
day 8		*day 18*		*day 28*	
day 9		*day 19*		*day 29*	
day 10		*day 20*		*day 30*	
				day 31	

홈즈와 레어는 남성과 여성 모두에게 이 테스트를 실시했고 서로 다른 문화권에 있는 다양한 사람들에게도 실시했다. 이 연구는 변화가 스트레스에 어떠한 영향을 미치는지를 규명하는 데 도움을 주었고 회복탄력성을 이해하는 데도 중요한 기초지식을 제공해주었다.

회복탄력성의 3가지 비밀

아이러니하게도, 군인들이 전쟁터에서 경험하는 심각한 트라우마trauma, 외상는 회복탄력성을 잘 설명해주는 실제적인 예이다. 베트남 전쟁에 참전한 바 있는 스티븐 사우스윅 박사는 외상후스트레스장애PTSD: post-traumatic stress disorder를 연구하는 국립 센터의 임상 신경과학 분야의 부책임자로 일하고 있다.

사우스윅 박사는 이렇게 말한다.

"어떤 사람들의 회복탄력성이 다른 사람들보다 특히 높은 데는 몇 가지 요소가 작용합니다. 유전적 요소도 있지만, 학습적 요소가 매우 크지요. 사람들은 회복탄력성이 높아지도록 자기 자신을 훈련 시킬 수 있습니다."[3]

충분히 예상할 수 있겠지만, 회복탄력성은 기업에 아주 중요한 문제다. 많은 컨설팅 회사들이 여러 기업과 직원들에게 힘든 상황에 직면했을 때 어떻게 하면 스트레스를 덜 받고 적응력을 높이고 창의적이 될 수 있는지를 가르친다.

하버드대학교 경영대학원에서 1923년부터 발행해오고 있는 세계적 권위의 경영전문지 『하버드 비즈니스 리뷰』의 수석편집자이자 심리학자인 다이앤 코투는 2002년에 회복탄력성에 대한 아주 좋은 보고서를 기재했다.[4]

코투는 불우 아동들, 홀로코스트 생존자들, 전쟁 포로들, 대기업 직원들, 중병에 걸린 사람들, 학대에서 살아남은 사람들 등을 포함한 다양한 계층의 회복탄력성을 조사해 데이터를 분석했다. 또한 인생의 힘든 시기를 이겨내고 더 나은 삶을 살게 된 강인한 사람들을 인터뷰했다. 코투는 회복탄력성에 대해 가르치는 '적응 학습 시스템'이라는 회사의 CEO인 딘 베커를 인터뷰했는데, 베커는 다음과 같이 말했다.

"얼마나 좋은 교육을 받았느냐, 얼마나 많은 경험을 했느냐, 얼마나 훈련을 많이 했느냐보다 어느 정도 수준의 회복탄력성을 가지고 있느냐가 성공과 실패를 좌우합니다. 암 병동에서도, 올림픽에서도, 증권거래소에서도 변하지 않는 진실이죠."[5]

이 연구를 통해 다이앤 코투는 회복탄력적인 사고의 세 가지 특징을 밝혔다. 앞으로 하나하나 살펴보게 될 이 세 가지 비밀은 건강한 삶을 위한 지침이라 할 수 있다. 당신은 이를 통해 스트레스를 줄이고 최선의 미래를 발견할 수 있는 방법을 알게 될 것이다.

"회복탄력성은 일종의 반사작용입니다. 세상을 어떻게 바라보고 이해할 것인지에 대해 한 개인의 정신과 영혼에 아로새겨져 있는 삶의 방식이죠. 회복탄력성이 높은 사람들과 회사들은 현실에 의연하게 대처합니다. 절망에 싸여 울부짖기보다는 고난에서 의미를 찾으려 애쓰고, 성공 가능성이 희박하더라도 대책을 강구합니다. 회복탄력성이 낮은 사람들과 회사들은 정반대죠." -다이앤 코투

secret #1 단호한 현실 수용

앞에서 말한 대로, 나는 〈소니아 라이브〉에 출연하려고 대기하고 있는 중이었고 몹시 긴장한 상태였다. 대기실을 흔히 그린 룸greenroom 이라고 부르는데, 사실은 벽 색깔 때문에 지어진 이름이 아니라 그 안에 있는 사람들의 얼굴 색깔을 따서 지어진 게 아닌가 하는 생각이 들 정도였다. 이 어마어마한 스트레스 상황에 어떻게 대처해야 할까.

화장실 문을 잠그고 숨어있을까, 하는 생각도 들었지만 얼마나 꼴사나울까 하는 생각에 차마 그렇게 하지 못했다. 만약 그렇게 했다면 단순히 꼴사나운 것으로 끝나지 않고, 이제 막 싹이 돋아나려고 하는 내 미디어 경력에 치명타가 되었을 것이다. 단순하고도 분명한 사실은 내가 인기 TV 쇼의 게스트로 출연하기 위해 지금 대기 중이라는 것이었다. 무슨 수를 써서라도 상황에 맞설 필요가 있었다.

회복탄력적인 사고를 하는 사람들은 어려운 상황에 직면했을 때 회피하려 하지 않고 고개를 꼿꼿이 든 채로 문제를 직시한다. 그리고 생존을 위해 어떤 일을 감수해야 하든 결코 물러서지 않는다. 당신은 상황을 사실 그대로 수용하는가, 아니면 현실을 부정하고 스스로 합리화하고 막연하게 희망적으로 생각하는가?

예를 들어, 만약 당신이 식당에 식재료를 공급하는 사업을 하고 있다고 생각해보자. 지금처럼 악화일로의 경제 사정으로 사람들이 외식하는 횟수를 줄이면 당신은 위기에 처하게 된다. 만약 당신이 건설업에 종사하고 있는데 사람들이 건물을 짓거나 리모델링 같은 일을 의뢰하지 않는다면 재앙이 임박하게 된다. 이럴 때 현실을 빨리 받아들이고 그 고통을 참아내며, 현재 상황에 적응하기 위해서 자신의 사업에 어떠한 변화를 주어야 할지 고민할 수 있다면 미래는 훨씬 밝아질 것이다.

맥도널드에서 주문을 받거나 대형마트에서 일을 하는 것은 당신이 꿈꿔왔던 이상적인 커리어와는 현저한 거리감이 생길 것이다. 하지만 적은 돈이라도 버는 것이 집에 있으면서 돈만 까먹는 것보다 훨씬 나을 수 있다.

선택의 여지가 없을 때 이와 같은 일을 마다하지 않고 기꺼이 받아들이는 것을 회복탄력적인 사고방식의 근간을 이루는 '단호한 현실 수용'이 어떠한 것인지를 잘 보여준다.

▶ 합리화 : "다른 사람들도 다 주택담보대출을 받았어. 정부
가 어떻게든 곧 우리를 이 지옥에서 구출해줄 거야."
▶ 부정: "상황이 그렇게 나쁜 것만은 아냐. 곧 주문이 들어
올 거야."
▶ 막연한 희망적 사고: "늘 꿈꿔왔던 아름다운 저택에 있는
모습을 상상해봐야지. 그리고 자기긍정문을 소리내서 몇
번 읽어야겠어."

이런 생각들은 사람들이 위기상황에 처할 때 가장 흔히 사
용하는 대처 전략이다. 하지만 모래 속에 머리를 파묻고 위
험이 다가오는 걸 애써 외면하기만 한다면 한 끼 식사 거리
조차 구할 수 없을 것이다. 실제로 어떠한 위험이 다가오고
있는지 명확하고 현실적인 그림을 그려볼 수 있을 때 혼란스
러운 시기를 잘 극복할 수 있다. 사업에서도 그렇고, 각자의
개인적인 삶에서도 마찬가지다.

당신이 심각한 병을 진단받았다고 생각해보라. 당연히 희
망을 잃지 말아야 하겠지만 회복탄력성은 거기에 그치지 않

고 진단서를 두 눈으로 똑똑히 쳐다보고, 치료 계획을 짜고, 재정 상태를 점검해보고, 유언장을 고치고, 시기마다 적절한 도움을 구할 것을 요구한다. 다시 말해, 자신이 어떤 상황에 처해 있든 그것을 있는 그대로 받아들이고 이 상황을 감당하려면 무엇이 필요한지를 생각하게 하는 것이다.

이를 악물고 현실을 똑바로 보아야 한다. 현실 직시는 단기적으로 매우 고통스러울지 모르나 궁극적으로 삶을 지켜줄 것이다. 신뢰하는 친구와 함께 앉아서, 당신이 어떠한 현실에 처해있는지에 대해 솔직히 이야기를 나누어보라.

다이앤 코투는 「회복탄력성이 작용하는 법How Resilience Works」이라는 논문에서 다음 이야기를 인용했다.

우리가 잘 알고 있는 2001, 9.11 세계무역센터 테러 이전, 사실 1993년 세계무역센터에서는 폭탄이 폭발한 적이 있었다. 이때 거대 금융회사인 모건 스탠리는 자신들이 입주해 있는 이 매우 상징적인 건물이 테러리스트의 표적이 되기가 딱 알맞다는 사실을 직시했다. 모건 스탠리는 정기적으로 탈출 훈련을 실시하며 현실에 대처했다. 모든 직원이 의무적으로 참가해야 하고 전원 모두 진지하게 수행해야 하는 훈련이었다. 또한 모건 스탠리는 재난이 발생했을 때 직원들이 모여 업무를 재개할 수 있는 대피 구역을 세계무역센터 외부에 세 곳이나 만들어두었다.

이로부터 8년 후의 9월 11일, 공중 납치당한 비행기 두 대에 의해 세계 경제의 아이콘인 쌍둥이 빌딩이 무너지고 3000명의 가까운 사람들이 사망했을 때, 현실을 직시하는 이러한 태도가 삶을 지켜준다는 사실이 증명되었다. 물론 모건 스탠리가 운이 좋았던 면도 있었다. 2700명의 임직원 모두 두 번째로 충돌 당한 남쪽 타워에 있었기 때문이다. 북쪽 타워가 첫 번째 비행기에 충돌 당한 시각은 아침 8시 46분이었고 모건 스탠리 직원들은 8시 47분부터 남쪽 타워를 빠져나가기 시작했다. 15분 후 두 번째 비행기가 남쪽 타워에 충돌했지만 모건 스탠리 사무실은 이미 비워진 상태였다.

비행기는 모건 스탠리가 입주해 있었던 층에 정면충돌했지만, 보안 담당 이사인 릭 레스콜라를 포함해 7명의 직원만이 희생되었다. 탈출 훈련을 설계한 장본인인 레스콜라는 확성기를 들고 직원들이 평정을 유지하면서 안전한 곳으로 대피할 수 있도록 도왔다. 베트남 전쟁에 참전했고 훈장까지 받았던 레스콜라는 회복탄력성이 매우 높은 사람이었고, 자신의 필요보다 다른 사람들의 필요를 우선할 줄 아는 훌륭한 사람이었다

secret #2: '인생은 의미로 가득하다'는 깊은 믿음

9.11 테러가 발생하고 2주일이 지난 후 나는 뉴욕시 외곽에 영혼이 상처 입은 사람들이 쉬어갈 수 있는 요양소를 열었다. 나라 전체가 격렬한 정신적 고통을 겪고 있는 시기였지만 맨해튼에서 찾아온 두 청년에게는 더욱 그러했다. 그들은 같은 아파트에 사는 룸메이트였는데, 아파트가 세계무역센터 바로 맞은편에 있었기에 쌍둥이 빌딩이 무너져 내리는 장면을 눈앞에서 목격할 수밖에 없었다. 그날의 장면이 자꾸 다시 떠오르고 악몽에 시달리는 일이 두 사람에게 매일 반복됐고 (전형적인 외상후스트레스장애 증상이었다) 이들은 충격과 공포를 이성으로 제어해보려 애썼지만 쉽지 않았다. 이중 한 청년은 오스트리아 출신의 정신과 의사 빅터 프랭클의 작품에 의지하고 있었다. 빅터 프랭클은 나치 강제수용소에서

살아남아 이제는 고전이 된 ≪죽음의 수용소에서Man's Search for Meaning≫를 저술한 인물이다. 빅터 프랭클은 철학자 프리드리히 니체가 한 다음 말에 큰 영감을 받았다.

"나를 죽이지 못하는 고통은 나를 더욱 강하게 만들어줄 뿐이다."

나치가 자행한 대학살로 감히 상상할 수 없는 고통과 고난을 겪은 빅터 프랭클은 강제수용소에서 부모와 아내를 잃었음에도 행복한 삶을 살았고 전 세계의 수백만의 사람들에게 큰 깨달음을 주었다. 그는 고통스러운 경험 속에서라도 긍정적인 의미를 찾는 것이 회복탄력성의 열쇠라고 믿었다.

죽음의 수용소에서 희망의 끈을 놓아버리고 싶은 유혹을 느꼈을 때, 그는 전쟁이 끝나면 사람들에게 회복탄력성에 대해 가르쳐주리라 결심함으로써 살아야 할 이유를 찾았다. 절망의 끝에서 힘들게 배운 교훈을 긍정적으로 이용해야겠다고 결심한 것이다. 최악의 상황에 부딪힐 때에도 이러한 태도를 잃지 않는다면 당신의 인생 또한 달라질 수 있지 않을까.

"살아야 할 '이유'가 있는 사람들은 '어떤' 어려움도 이겨낼 수 있다."

-프리드리히 니체

신념은 회복탄력성과 매우 관계가 깊다. 신념은 우리가 변화 혹은 절망의 바다에서 길을 잃고 헤맬 때 우리를 인도해준다. 그러나 신념 자체의 외양은 늘 변한다.

우리 삶의 의미를 부여하는 가치 중 가장 내면 깊은 곳의 가치는 영적인 것일 경우가 많다. 자애롭고 관대한 신이든 우주적 에너지이든 자신보다 더 거대한 존재와 진정으로 연결되어 있다는 느낌은 최선의 삶을 살도록 힘을 북돋운다. 힘든 일이 생기면 사람들은 저마다 기도를 한다. 포로수용소에 있는 사람, 병에 걸린 가족 옆에서 지키는 사람, 실업 급여를 타기 위해 줄을 서 있는 사람 모두 마찬가지다.

미국의 싱크탱크 단체인 퓨 리서치 센터에서 주관하는 '종교와 일상생활에 대한 퓨 포럼Pew Forum on Religion & Public Life의 2008년도 여론조사에 따르면, 미국인 중 92%가 신 혹은 어떠한 절대적 존재를 믿고 있다고 한다. 그러나 이들 중 다 수70% 정도는 신에게 향하는 길에는 여러 갈래가 있다고 답했다. 다른 여론조사에 따르면, 미국인 중 약 3분의 1은 자신이 '영적인 존재'라고 생각하지만 특정한 하나의 종교만을 따르지 않고 다양한 종교의 전통에서 영감을 찾는다고 답했다.

'영적이면서도 종교적이지 않은 것'은 최근 인기를 더해가고 있는 트렌드다. 하버드 의과대학에서 성인 발달 연구 프로젝트를 지휘하고 있고 회복탄력성 분야에서 세계적인 명성을 떨치고 있는 전문가인 정신과 의사 조지 베일런트는 지난 5년 동안 미국에서 베스트셀러가 된 책 가운데 많은 책들이 영적인 탐색과 "세속적인 종교에 대한 거부"에 기반을 두고 있다.[6]고 말한다.

내면에서 힘의 근원을 찾아 명상과 같은 방법을 통해 키우는 일은 모든 사람들에게 똑같이 중요하다. 깊은 종교적 확신을 가지고 있는 사람, 신의 존재에 대해 아는 것 자체가 불가능하다고 하는 사람, 신의 존재를 부정하는 사람 모두에게 그러하다. 마음이 차분해지면 주위의 세상과 관계하기가 더 쉬워진다. 이슬을 머금은 꽃봉오리의 아름다움을 볼 수 있게 되고, 상대의 미소에 담겨 있는 의미를 이해할 수 있게 된다.

신성하다고까지 말할 수 있는 이러한 깊은 교감은 경외, 기쁨, 감사, 연민과 같은 긍정적인 감정들을 불러오는데, 이런 감정들은 스트레스를 없애주고 내적 힘을 키워준다. 베일런트는 말한다.

"영성(spirituality)은 사상, 신성한 텍스트나 이론에 관한 것이 아닙니다. 오히려 영성은 전적으로 감정과 사회적 관계에 관한 것입니다. 여러 한계가 있긴 하지만 특정 종교를 가지면 긍정적인 감정에 의식적 주의를 기울일 수 있는 계기가 되는 경우가 많습니다.[7]

secret #3: 상황을 순간적으로 대처하는 비범하고 독창적인 능력

회복탄력성이 높은 사람들은 혁신의 대가들이다. 그들은 풍요로운 상상력을 아낌없이 발휘하고 다른 사람들을 미처 알아차리지 못하거나 불필요하다고 생각하는 세부사항들에 관심을 가진다. 또 최선의 결과를 얻기 위해 활용할 수 있는 모든 것을 끌어모은다. 마치 어린아이가 주방에서 냄비를 하나 가지고 나와 두드리며 놀다가 다른 물건을 담아보기도 하고, 머리에 써보기도 하며, 물 위에 띄우거나 모래를 퍼 올리기도 해보는 등 물건을 본래 용도 이외의 여러 가지 모습으로 변형시키며 노는 것처럼 회복탄력성이 높은 사람들은 상상력을 발휘해 힘이 닿는 내에서 모든 수단을 강구하여 해결책을 모색해낸다.

프랑스어 '브리콜라주bricolage'는 수중에 있는 재료를 손에 닿는 대로 이용해 임시변통하는 일 또는 그렇게 해서 만든 작품을 가리키는 미술용어다. 내 클라이언트인 타샤는 진정으로 브리콜라주의 달인'이라 부를 만한 사람이었다.

그녀는 건축 회사에서 설계 일을 했는데 최근 일자리를 잃었다. 하지만 그녀는 탁월한 회복탄력성을 발휘해 실직한 다음 날 바로 인력사무소에 나갔고 시급 10달러짜리 일도 마다하지 않고 기꺼이 받아들였다. 한 달이라는 시간 동안 그녀는 커다란 빌딩에서 안내원으로 일하고, 병원에서 환자들의 기록을 정리하고, 조경 회사에서 실내용 화분에 물을 주었다. 책임과 권한을 거의 부여받지 못했지만 타샤는 조경 회사일에 흥미를 느꼈다. 물 양동이를 나르고 화분에 물을 주는 일이 원래 맡은 일이었지만 불과 몇 주도 지나지 않아 타샤는 어디에 화분을 가져다 놓으면 더 잘 자랄지, 화분을 어떻게 배치하면 미적으로 더 조화로울지에 대해 의견을 제시하기 시작했다. 그녀는 기존에 있던 사물들을 가지고 실용적이면서도 예술적인 방식으로 새로운 실내 풍경을 만들어냈다. 설계사로 일하면서 습득한 공간 감각이 이 새로운 일에 큰 도움이 된 것이다 타샤는 3달 만에 조경 회사에 정규직 직원으로 고용되었고 현재는 인테리어 디자이너가 되기 위해 필요한 교육과 훈련을 받고 있다.

임기응변이란 현재 이용 가능한 자원을 가지고 자연스럽게 새로운 것을 창조해내는 능력이다. 현재 자신이 있는 방안을 호기심을 최대한 끌어모은 채로 둘러보라. 효율과 안락함, 아름다움을 더하기 위해 다른 위치로 옮기거나 약간 바꿔줄 수 있는 것이 있는가? 다른 방에 있는 물건 중에 이 방에 가져다 놓으면 더 유용할 것이 있는가?

임시변통하는 능력은 세심한 관심과 주의를 요구한다. 이 능력은 어떤 상황이든 부끄러움을 느끼지 않고 호기심 어린 눈으로 주위 환경을 바라볼 수 있는 능력이다. 나치 강제수용소 안에서도 노끈과 철사를 있는 대로 많이 모았던 수용자들은 그렇지 않은 수용자들보다 더 많이 살아남았다. 쓰레기 더미에서 건진 노끈과 철사로 헝겊 조각을 이어 붙여 신발을 만든 사람들은 살아남아 다음 날을 맞이했고 그렇지 않은 사람들은 차가운 발로 죽음을 맞이했다. 임시변통하는 능력이 생사를 가른 것이다.

가난했던 대학원 시절의 경험은 내게 임시변통하는 능력을 계발할 수 있게 해주었다. 바로 이것이 고난과 도전이 쓸모 있는 이유다. 고난과 도전은 안락한 환경에서였다면 필요하지 않았을 새로운 기술을 마스터할 수 있게 해준다. 나는 빈약한 정부 보조금만으로 학생인 남편과 어린 아들과 함께 생활을 유지해야 했다. 무엇인가 망가지기라도 하면 내가 발 벗고 나서서 고쳐야 했는데, 남편은 물건을 고치는 일에 재주가 없었고 수리공을 부르기에는 돈이 넉넉하지 않았기 때문이었다. 드라이버와 스패너, 망치, 철사 그리고 청테이프로 무장한 채 나는 어느 천재 발명가도 부럽지 않은 실력을 뽐냈다.

많은 조직이 이러한 재능을 가지고 있는 사람을 고용하고 싶어하는 것은 당연하다. 제2차 세계대전 중 미국 정부에서 정보요원을 뽑을 때의 일이다. 면접 시 지원자들은 차례를 기다리며 머물렀던 방을 묘사해 보라는 요구를 받았다. 주의를 기울이는 데 남다른 자질이 있고 주위 환경에 세심한 신경을 쓸 줄 아는 사람들은 놀랍도록 세부적인 부분까지 거침없이 묘사했다. 그들은 방문과 창문의 위치나 벽에 걸려 있던 그림의 주제는 물론이고 가구의 색깔과 종류까지 기억해냈다. 창조적 대응이 필요한 상황에서는 사소한 정보 하나하나가 모두 중요하기 때문에 결국 지원자 중 가장 주의력이 뛰어난 사람이 정보요원 자리를 차지하게 되었다.

이 장에서 우리는 회복탄력성의 세 가지 비밀에 대해 알아보았다. 두 눈을 감아버리지 않고 똑똑히 뜬 채로 현실 수용하기, 인생은 의미로 가득 차 있다는 깊은 믿음을 가지기, 창조적 임시변통을 즐기는 능력 계발하기가 그것이었다.

처음 회복탄력성에 대해 연구들을 조사했을 때, 나는 한 가지 태도가 빠져 있다는 사실에 의아했다. 언뜻 생각하면 회복탄력성을 논할 때 절대 빠져서는 안 될 것처럼 느껴지는 태도인데 말이다. 무엇일까?

모두 깜짝 놀랄 만한 답은, 바로 '낙관주의', 곧 프리스턴 대학의 코넬 웨스트 교수가 '싸구려 낙관주의'라고 부른 '그림의 떡' 같은 허황된 낙관주의다. 다음 장에서는 '낙관적 현실주의자'가 될 수 있는 방법과 즉각적인 실천을 저해하는 비관적 사고와 막연한 희망적 사고를 인식하고 뿌리 뽑을 수 있는 방법에 대해 이야기를 나눌 것이다.

Chapter 2

낙관적

현실주의

"비관주의자는 바람이 부는 것을 불평한다.
낙관주의자는 바람의 방향이 바뀌기를 기대한다.
현실주의자는 바람에 따라 돛의 방향을 조정한다."
– 윌리엄 아서 워드

≪좋은 기업을 넘어 … 위대한 기업으로Good to Great≫의 저자 짐 콜린스는 회복탄력성이 높은 회사는 낙관적인 사람들로 구성되어 있을 것으로 생각했다. 그러나 그의 이런 생각은 완전히 틀린 것이었다. 베트남 전쟁에서 포로로 잡혀 8년 동안이나 고문당했던 짐 스톡데일 장군과 대화를 나눈 후 콜린스는 자신의 실수를 깨달았다. 그들이 나눈 대화 중 일부는 다이앤 코투가 「하버드 비즈니스 리뷰」에 기고한 글에 잘 나와 있다.

나(콜린스)는 스톡데일 장군에게 물었다.

"수용소에서 살아남지 못한 사람들은 어떠한 사람들이었나요?"

스톡데일 장군은 말했다.

"쉽게 대답할 수 있는 질문이군요. 낙관주의자들이었습니다. 그들은 우리가 크리스마스 때까지는 나갈 수 있을 거라고 말했지요. 그러고 나선 부활절 때까지는 나갈 수 있을 거라고 했고, 다시 7월 4일(미국 독립선언기념일), 그러곤 다시 추수감사절까지는 나갈 거라고 했습니다. 그러고 다시 크리스마스가 돌아왔지요."

스톡데일 장군은 나를 응시하며 말했다.

"저는 그 사람들 모두 커다란 절망감으로 인해 죽어갔다고 생각합니다."

전쟁 포로를 경험했던 군인들에 대한 다양한 연구는 현실을 직시하는 것이 회복탄력성의 핵심사항 중 하나라는 사실을 밝혀준다. 외상후스트레스장애를 연구하는 스티븐 사우스윅 박사는 회복탄력성이 높은 사람들은 일련의 사건들을 스스로에게 설명하는 데 일정한 방식을 가진다는 사실을 발견했다. 즉 이들은 사건의 부정적인 측면을 보더라도 그것에 집착하거나 불필요하게 확대, 일반화하지 않는다는 것이다. 그는 이 관찰을 통해 '현실적 낙관주의realistic optimism'라는 용어를 새로 만들어냈는데,[2] 나는 이러한 설명 방식을 '낙관적 현실주의optimistic realism'라고 부르고 싶다.

낙관적 현실주의란 자신이 처한 상황을 냉정하게 판단하면서도 긍정적인 미래의 가능성에 여전히 문을 열어두는 능력을 가리킨다. 당신은 고통스러운 상황을 자기 자신에게 어떻게 설명하는가? 이 장에서는 자신의 사고방식을 분석하는 법과 현실적이면서도 스트레스에 강한 방식으로 힘든 시기에 대처할 수 있는 법에 대해 배울 것이다. 이러한 대처 방식은 최적의 미래를 만들어갈 수 있도록 도와주는 힘을 가지고 있다.

당신은 비관적인가 낙관적인가?

심리학자 마틴 셀리그만은 긍정심리학의 창시자다. 긍정심리학이 나오기 전까지 임상심리학은 불안, 우울, 분노, 스트레스, 트라우마 등과 같은 부정적인 문제들에 어떻게 대처할 것인지에 초점을 맞추어왔다. 반면 '긍정적'인 감정은 최근에서야 주목을 받기 시작했다. 부정적인 감정은 오로지 생존 지향적이고 자기 중심적이면서 자기 파괴적인 경향이 있다. 예를 들어, 긴장을 늦추지 못하고 근심에 가득 차 있을 때 인생에 어떠한 좋은 점들이 있는지 떠올리기란 쉽지 않다.

반면 기쁨, 감사와 같은 긍정적인 감정들은 넓고 깊으며 '잿빛 구름' 같은 인생, 그 너머의 삶은 더욱 관대하고, 감사할 줄 알고, 사랑할 줄 알게 한다. 긍정적인 감정을 만드는 법은 중요한 삶의 기술인 동시에 셀리그만 박사가 심혈을 기울여 연구했던 주제이기도 하다. 셀리그만 박사의 가장 큰 성과는 낙관주의자와 비관주의자의 사고방식에 대해 정확하고 실제적인 묘사를 했다는 점이다. 특히 부정적인 사건이나 스트레스 상황에 대해 이들이 각각 스스로에게 어떻게 설명하는지를 알아냈다.

이는 곱씹어 봐야 할 이야기다. 왜냐하면, 자신의 사고방식이 어떤지 먼저 인식하지 않고서 이를 바꾸기가 불가능하기 때문이다. 내 경험에 비추어볼 때 많은 비관주의자들은 두 가지 요소 때문에 자신이 스스로 낙관주의자라고 믿고 싶어 한다.

첫째, 낙관주의자가 사회에 더 쉽게 받아들여진다. 사람들은 다른 사람들이 자신을 좋아해 주길 바라기 때문에 가장 예쁜 포장지로 자신을 포장하려고 한다. 둘째 우리 중 대부분은 자신의 사고방식을 분석하는 법을 배운 적이 없기에 자신이 정말로 어떠한 사고방식을 가지고 있는지를 정확히 알지 못하는 경우가 많다. 셀리그만은 이른바 '설명 방식'을 연구하는 데 수십 년의 시간을 투자했다. 다음을 생각해보면 이해가 빠를 것이다.

당신은 나쁜 일이 벌어졌을 때 자기 자신에게 무엇이라고 말하는가? 당신은 그것을 어떻게 설명하는가? 잠시 시간을 두고 부정적인 사건이나 스트레스 상황이 있었던 때를 회상해보라. 가벼운 접촉 사고가 있었는가? 사랑하는 사람과 말다툼을 했는가? 직장에 어떤 문제가 있었는가? 혹은 지금 이 순간에도 직장을 구하는 데 어려움이 있거나 공과금을 낼 돈이 부족해 쩔쩔매고 있는가? 그 상황에 대해 생각해보라. 그리고 왜 그러한 상황이 벌어졌는지에 대해 자신이 가졌던 생각들을 차례대로 종이에 적어보라.

⸻ı|ılılılı⸺ 왜 이런 일이 벌여졌는가? ⸺ı|ılılılı⸻

이 시점에서 책 읽기를 잠시 멈추고 몇 분 동안 생각해보는 시간을 갖자. 누군가와 말다툼을 했다든지, 좋은 사업 기회를 놓쳐버렸다든지, 병에 걸렸다든지, 공과금이 연체되었다든지 하는 부정적인 사건이나 스트레스 상황이 있었던 때를 회상해보자. 그냥 대충 넘어가지 말고 책을 내려놓고 실제 상황에 대해 생각해보라. 잠시 후 여기에 대해 간략하게 점검해볼 것이다.

과제를 다 했는가? 되도록 간단하게 하기 바란다. 이 장을 다 읽어갈 때쯤이면 당신은 자신이 비관주의자인지 스트레스에 강한 낙관적 현실주의자인지 확실하게 알 수 있을 것이다. 일단 내가 직접 체험한 이야기를 함께 분석해봄으로써 자가 진단을 시작해보자. 내 이야기를 듣게 되면 막연한 두려움을 떨쳐내고 자신의 설명 방식을 대면할 수 있는 용기를 얻을 수 있을 것이다.

나의 고백 ᐧ�an image of a sound waveᐧ

나는 비관주의자다. 점차 나아지고 있기는 하지만 사실 그
러하다. 나는 백지 상태에서 하나하나 배워나가야 했던 경
험이 있기에 설명 방식을 바꾸는 법을 가르치기에 나 자신이
최고의 자격을 갖추고 있다고 감히 생각한다.

낙관주의는 가만히 있으면 저절로 생기는 종류의 것이 아
니다. 나는 비관주의자들에게 꼭 필요한 기술들을 면밀하게
알려줄 수 있다. 천성적으로 낙관적인 사람들은 이것을 꼭 인
위적으로 배워야만 한다는 사실을 잘 헤아리기 힘들 것이다.

자신의 사고방식에 대한 깨달음 없이 더 나은 결정을 내리기란 불가
능하다. 깨달음과 선택은 변화에 창조적으로 적응하기 위해 필요한 기본
틀이다.

아래에 내 개인적인 생각을 적어놓은 짧은 글이 있다. 전형

적인 비관적 설명 방식을 잘 보여주는 글이다. 글의 배경은
이렇다. 2008년 가을, 미국 주식시장이 붕괴했다. 끝없이 아
래로 곤두박질치던 몇 주일 동안 사람들을 날마다 궁금해했
다. '언제 바닥을 칠까? 계속 가지고 있어야 할까? 지금이라
도 팔아야 할까? 세계 경제 전체가 무너지는 걸까?' 나는 내
자신에게 뭐라고 말했을까? 나는 마음속으로 다음과 같이 말
했다. 냉소와 조소로 가득 차 있는 우디 앨런 영화의 시나리
오로도 손색이 없을 정도다.

– 나의 사고 표본

이 멍청아. 일이 이 지경이 될 줄 알고 있었지. 뭔가가 벌어질 거
같다고 피부로 느꼈고 빨리 빠져나와야 한다고 계속 생각했지.
근데 그렇게 했니? 절대 안 그랬지. 전문가들 말에 목매느라 그
랬지. "가지고 있으세요." 전부 그렇게 말했어. "하락세에 팔면 시
장이 반등할 때 손실을 메울 수 있는 기회를 놓치게 됩니다." 빌
어먹을 놈들 같으니.

이제 넌 은퇴는 꿈도 못 꿀 거야. 만약 어디 아픈 데가 생겨서
일을 못하게 되면 어쩔 작정이니. 사람들이 여윳돈이 없어서 이제

아무데서도 강연을 안 열게 되면 어떡할래? 제대로 한번 해보려고 그렇게 애썼는데 다 망쳐버렸어. 이건 불공평해.

제기랄. 지금껏 열심히 일했는데, 제대로 된 삶은 이제 끝났어. 자식들과 손자들을 보고 싶어도 볼 수 없을 거야. 야외에 바람 쐬러 나갈 시간도, 강아지 산책시켜줄 시간도 없겠지, 쉴 틈 없이 돈을 벌어야 할 테니까. 똑바로 봐 조앤. 이제 끝장이야.

자신과 나누기에 그다지 활기차지도 창의적이지도 않은 대화다. 그렇다고 생각되지 않는가? 스트레스 상황을 경험하고 있는 것만으로 이미 충분히 힘든데 비관적 설명 방식으로 상처에 모욕까지 가하는 것은 오른뺨을 때리고 왼뺨까지 마저 때리는 격이다. 겨우 일어서려고 하는 바로 그때, 다시 내려치는 것과 마찬가지다.

내 설명 방식을 읽어보았으니 셀리그만이 제시한 세 가지 전형적인 비관적 사고 과정에 대해 알아보도록 하자. 이 세 가지 사고 패턴은 모두 알파벳 P로 시작하기 때문에 기억하기가 아주 쉽다. 이 세 가지 사고 패턴은 당신이 습관적으로 어떻게 사고하는지 명확히 보여주기에 스스로의 사고를 인지하고 변화시키는 데 큰 도움이 될 것이다. 세 가지 P란 Personal개인적인, Pervasive확대적인, Permanent영구적인이다.

비관적 사고의 3가지 독 ᴵᴵᴵᴵᴵᴵᴵᴵᴵ

– Personal
사건을 개인적 문제로 받아들이는 것

비관주의자들은 사건을 '개인적' 문제로 받아들이고 모든 문제에 대해 자기 자신을 책망한다. 그러한 사고의 전형을 앞서 제시한 '나의 사고 표본'에서 잘 볼 수 있었을 것이다. 전 세계에서 가장 뛰어난 재정전문가들도 재앙의 전조를 알아채지 못했는데, 나는 제대로 된 투자 전략을 세우지 못한 자신을 원망했다. 나는 자신을 '멍청이'라고 부르고 그 말을 그대로 믿었다.

사건을 개인의 문제로 받아들이기 시작하면 죄책감과 수치심이 바로 뒤따른다. 이것들은 내면의 힘을 빼앗는 감정들이다. 반면에 자신의 행동에 책임을 지려 하는 자세는 인생에 도움이 되고 강력한 통찰을 가져다준다.

'음, 주식시장에 뭔가 문제가 있으리라는 느낌이 정말 강하게 들었지만 그걸 무시했지. 전에도 이런 적이 있었던가? 알고 있는 것들을 무시해버린 별다른 이유가 있었을까? 어떻게 하면 앞으로 이런 패턴을 미리 알아채고 똑같은 덫에 빠지지 않을 수 있을까?'

이와 같은 종류의 객관적인 탐색은 자기 책망이나 수치심을 야기하지 않는다. 오히려 낡은 패턴을 인식하고 앞으로 더 현명한 선택을 할 수 있도록 도와주는 매우 유용한 분석이라 할 수 있다.

– Pervasive
문제를 확대 일반화하는 것

셀리그만의 세 가지 독 중 두 번째는 '확대적인' 사고다. 낙관주의자들은 재정적 손실에 대해 적당한 정도로만 염려한다. 낙관주의자들은 내가 그랬던 것처럼 재정적 걱정을 삶의 다른 부분으로까지 확대하지 않는다. 이제 제대로 된 삶이 끝장났고, 가족을 볼 수도 강아지와 산책도 하지 못할 것이라는 절망감은 세상에서 가장 불쌍한 나'를 표현하는 레퍼토리다. 나는 자기 연민에 빠져 우울을 노래하고 있었고 노후 대비 자금의 일부를 날려버린 문제를 남은 인생 전체로 확대 일반화하고 있었다.

- Permanent
문제가 영구적일 것이라 믿는 것

세 번째 독은 문제가 '영구적'일 것이라고 믿는 것이다. 비관주의자들은 자신의 불운이 영원히 지속될 것이라고 믿는다.

'모든 것을 잃어버렸고 앞으로도 계속 그럴 거야. 모든 게 끝났어. 절망뿐이야. 변하는 건 아무것도 없을 거야.'

이러한 사고방식이 절망감과 우울감을 어떻게 불러들일지 쉽게 상상할 수 있을 것이다. 어떠한 노력도 미래에 변화를 가져올 수 없다고 믿는다면 굳이 힘들여 어떠한 것을 시도할 필요가 어디 있겠는가.

하지만 우리는 예언자가 아니다. 또 일이 어떻게 달라질지

누가 알겠는가? 삶을 돌아보면 처음에는 탐탁치 않았던 일들이 잘 풀려서 해결돼 도움이 됐던 경우가 많이 있지 않은가?

이제 아까 작성한 자신의 사고 표본을 읽어보기 바란다. 꼼꼼히 읽어보고 셀리그만의 세 가지 독과 한번 비교해보기 바란다.

어떠한가? 당신은 비관주의자인가? 아직 잘 모르겠다면 다른 부정적 사건을 하나 떠올려 앞의 방법대로 다시 한번 해보기 바란다. 만약 비관주의자로 판명됐다면 셀리그만의 베스트셀러 ≪학습된 낙관주의learned optimism≫에서 큰 도움을 얻을 수 있을 것이다.

심리학자 마틴 셀리그만에 따르면, 비관주의자들은 항상 이렇게 부르짖는다. "모두 내 잘못이야. 나는 하는 일마다 다 망쳐버려. 내 인생은 항상 그런 식이야."

안 좋은 일이 벌어지는 이유에 대한 '당신만의' 단골 레퍼토리는 무엇인가?

부정적인 생각들 반박하기 ᆝᆝᆝᆝᆝᆝᆝᆝ

낙관적 현실주의의 핵심 중 하나는 이처럼 조건반사적으로 불쑥 튀어나오는 부정적 진술들을 올바로 인식하고 이를 반박하는 것이다. 이러한 습관적인 부정적 사고 과정을 현대 심리학 용어로 '인지 왜곡cognitive distortions'이라 한다. 이는 곧 현실에 기반하지 않은 잘못된 사고를 말한다. 앞서 제시했던 나의 사고 표본에서 부정적 진술을 반박하기란 그리 어렵지 않다. 다음처럼 말하면 된다.

"나는 원할 때면 밖에 나가 바람을 쐬고 산책을 한다. 자녀와 손자들도 정기적으로 찾아온다. 사업은 현재 잘 풀리고 있다. 나는 창조적이고 열정적이다. 나는 안정적이고 회복탄력성이 강한 성공한 사람이다. 때때로 실수를 저지르기도 하지만 거기에서 뭔가를 배울 수 있다고 생각한다. 만약 나를 잘 아는 사람들에게 내 특징을 열거해보라고 한다면 '멍청하다'가 10위 안에 있을 가능성은 별로 없을 것이다."

좋은 반박문은 희망 사항을 노래하는 것이 아니다. 현실을 이야기해야 한다. 나는 내가 금융계의 거물이라고 말하지 않앗다. 차세대 오프라 윈프리나 올림픽 출전 선수라고도, 「피플」지가 선정한 올해의 인물이라고도 말하지 않았다. 다만 주위 사람들이 명백히 동의할 진실을 객관적으로 말했을 뿐이다.

'경제는 개판이 됐고 일자리는 하나도 없다.'라는 식의 생각으로 자신을 계속해서 겁주고 있다면, 당신이 아는 사람 중 최근 일자리를 구한 사람에 대해 생각해봄으로써 비관주의를 반박하라 수 있을 것이다. 일자리가 확 줄어든 게 사실이지만 자신에게 필요한 건 오직 일자리 '하나'일 뿐이라는 사실을 스스로에게 주지시키는 것은 결코 싸구려 낙관주의가 아니다. 스트레스에 강한 사람들이 어떻게 사고하는지에 대해 배우게 된다면, 당신은 자기중심적이고 부정적이고 오류투성이인 자신만의 믿음에서 벗어나 더 긍정적인 미래를 만들어내기 위한 첫걸음을 뗄 수 있을 것이다.

스트레스를 이겨내는 3가지 믿음 ıı|||||ıı

IBT^{Illinois Bell Telephone}는 대대적인 구조조정을 단행한 적

이 있다.[3] 2만 6000명이나 되던 직원은 구조조정 1년 만에 절반 정도로 줄어들었다. 물론 요즘의 경제 뉴스에는 비슷한 상황이 차고 넘치지만, 당시에는 흔치 않은 일이었다. 예상할 수 있었겠지만, 구조조정으로 직장을 떠난 사람들만이 변화와 적응의 기로에 선 것은 아니었다. 회사에 남은 사람들 또한 새로운 역할과 책임을 맡게 되었고 상관이 새로 바뀐 경우도 많았다.

마침 시카고 대학 연구팀이 구조조정이 있기 6년 전부터 IBT에서 일하는 450명의 대리급, 부장급, 이사급 직원들에 대한 연구를 해오고 있었다. 이들은 구조조정이 완료된 후 6년이 지난 시점까지 연구를 계속했는데 이 연구는 사람들이 변화에 장기적으로 어떻게 대응하는지 관찰할 수 있는 기회를 제공했다.

연구팀을 이끌었던 심리학자 살바토레 마디와 동료들은 관찰 그룹의 3분의 2 정도가 구조조정 후 스트레스에 시달리고 리더십의 저하를 보였다는 사실을 알아냈다. 또한 많은 사람들이 비만, 심장마비, 뇌출혈, 약물 남용, 우울증 등의 건강 이상 증세를 보였다. 암울한 뉴스다.

그러나 밝은 뉴스도 있다. 관찰 그룹의 나머지 3분의 1 정도의 사람들은 동료들과 똑같이 불확실한 상황을 겪었음에도 거의 위축되지 않았다는 점이다. 그들은 행복하고 건강했고 일에 충실했다. (마디 박사는 현재 캘리포니아 대학에 심리학 교수로 재직 중이고, 어바인에 스트레스 내성 연구소를 설립해 운영 중이다. 더 자세하게 알고 싶다면 www.hardinessinstitute.com에서 스트레스 내성 훈련에 대한 정보를 찾아보고, 자신이 스트레스에 대해 어느 정도 강한지 검사해보기 바란다.)

스트레스에 강한 그룹과 그렇지 않은 그룹의 차이는 스트레스에 강한 그룹이 가지고 있는 세 가지 핵심 믿음에 있다. 이 세 가지 믿음은 각각 알파벳 C로 시작하기 때문에 기억하기 쉬울 것이다. 바로 Commitment참여, Control통제, Challenge도전이다.

Commitment - 참여

'참여'는 스트레스 상황을 회피하지 않고 계속 관계하려는 것을 말한다. 즉 모래 속에 머리를 박은 채 정신적으로 더이상 관여하지 않으려는 '외면'의 반대라고 할 수 있다. 내 친구 로저는 대학병원 심장과에 근무하고 있었다. 어느 날 공정하고 유능했던 과장이 다른 곳으로 자리를 옮기고 새로운 과장이 들어왔는데 다른 사람들을 비판하는 방식으로 불안을 표출하는 사람이었다. 직원들은 스트레스에 시달리기 시작했고 이 "지옥에서 온 보스"에 대해 서로 불평불만을 털어놓았다. 몇몇은 이직을 심각하게 고민하기도 했다. 하지만 로저는 새로운 과장과 단둘이 만나 그가 직원들에게 바라는 것이 무엇인지, 자신이 어떻게 도울 수 있는지, 환자 중심의 최고의 과를 만드는 데 직원들을 어떻게 동참시킬지 등의 대해 물었다. 이 한 번의 미팅은 새로운 과장의 불안감을 확연히 감소시켜주었고 창조적 파트너십의 씨앗을 뿌렸다.

자신의 일과 라이프스타일에 깊은 의미가 있다고 생각하고, 자신이 무엇을 지지하는지 그리고 어떤 가치를 중시하는지 잘 알고 있다면 더 쉽게 스트레스를 이겨낼 수밖에 없다. 다른 사람들에 비해 비전이 더 명확하기 때문이다. 만약 직장에서 어려움이 발생하면 관련된 사람들과 접촉을 피하기보다 그 사람들과 솔직히 얘기해보는 것이 스트레스에 강해지는 방법이다.

만약 중요한 프로젝트가 있는데 자신이 그 프로젝트를 진행할 능력이 충분하다면 손을 들고 한번 해보겠다고 말하라. 만약 어떠한 갈등이 있다면 해결할 수 있게 최선을 다하라. 전원을 끄는 대신 주파수를 맞추라. 개인적 인간관계에도 똑같은 기술을 적용할 수 있다. 일이나 인간관계가 자신에게 정말로 중요하다면 관심을 기울이고 더 발전적으로 될 수 있게 전념할 필요가 있다.

Control – 통제

'통제'는 무력감을 느끼는 것과 반대다. 그렇다고 통제 사령관이 되어 다른 사람들 모두와 모든 상황을 자신의 뜻대로 좌지우지하려고 한다는 의미는 아니다. '통제'는 '힘'을 의미한다. 효과적 실행으로 이끄는 '나는 할 수 있다'는 느낌이다. 로저의 경우 새로운 상사와 의미 있는 대화를 나눈 것이 바로 올바른 실행 방법이었다. 수동적으로 기다리며 일이 어떻게 전개될지 지켜보기보다 로저는 보스의 비전을 자세히 알아보는 적극적 방법을 택했다. 만약 당신의 자녀가 컴퓨터나 약물 같이 좋지 않은 것에 중독되어 있다면, 관련 정보를 수집하고, 필요한 도움을 구하고, 아이를 치료 프로그램에 참여시키는 일 등을 통제라 할 수 있을 것이다.

특히 마지막 일은 매우 고통스럽겠지만 반드시 필요한 일이기도 하다. 예를 들어 만약 자신에게 당뇨가 있다는 사실을 알았다면 통제란 그 질병에 대해 공부하고, 최고의 의사를 수소문하고, 식사를 조절하고, 운동하고, 처방받은 약을 복용하는 일 등이 될 것이다. 건강 상태를 무시하고 의사의 말을 믿지 않는 것이 아니라는 말이다. 만약 결혼 생활에 문제가 있다면 통제력을 되찾기 위해 배우자와 대화를 나누고 좋은 상담사에게 조언을 구해야 할 것이다. 상황을 무시하기만 한다면 악화일로로 갈 가능성이 크다.

Challenge - 도전

다시 로저의 이야기로 돌아가 보자. 로저가 의대에 다닐 때 로저의 아버지는 일자리를 잃었고 아들의 비싼 등록금을 더는 부담할 수가 없었다. 로저는 이러한 상황의 변화를 꿈에 대한 위협으로 해석하는 대신에 자신의 능력을 확인할 수 있는 도전으로 여겼다. 그가 어떻게 등록금을 납부하고 무사히 의대를 졸업할 수 있었을까? 로저는 학자금 대출을 받고 실험실에서 파트타임으로 일했다. '변화는 위협이 아닌 도전이다'라는 믿음이 '브리콜라주'라는 임시변통의 기술을 발휘할 수 있게 해준 것이 앞서 말했다시피 '브리콜라주'는 회복탄력성의 근간을 이루는 창조적 사고방식이다.

당신은 변화에 어떻게 대응하는가? 변화는 현재 상태에 대한 위협인가, 아니면 성장하고 발전할 수 있는 하나의 도전인가? 변화를 도전으로 생각하는 사람들은 이를 통해 지평을 확대하고 인간으로서 성숙한다. 이러한 사람들은 생동감이 넘치고 삶에 대해 열정적이다. 당신은 어떠한가?

다음 장들에서 우리는 긍정심리학에 대해 더 이야기를 나눌 것이고 사고를 최적화하는 법과 좌절과 스트레스로부터 벗어나 최선의 미래를 창조할 수 있는 법에 대해 배울 것이다.

Chapter 3

과거를 놓아주고

앞으로 나아가기

'당신에게 주어진 고난들을 수용하는 순간
다른 세계로 향하는 문이 열립니다."
- 루미 -

내가 아직 철부지였을 무렵 나는 '잭'이라는 남자와 동거하기 시작했다. 엄마는 잭에게 늘 소름끼쳐 하셨는데, 사실 소름은 직관이 본능적으로 위험을 감지하고 경고 신호를 보낼 때 생기는 것이다. 개구리를 왕자로 보이게 했던 호르몬이 사라진 후 나는 엄마의 관점에서 잭에 대해 생각해보기 시작했다.

애초부터 이루어질 가능성이 별로 없었던 우리의 관계가 마침내 끝이 나고 사라졌을 때, 그 관계에서 빠져나와 앞으로 나아갈 자유가 충분히 있었고 실제로도 그렇게 했지만,

나의 마음은 후회로 가득한 치명적인 늪에 단단히 빠져 꼼짝도 하려 들지 않았다. 과거에 사로잡혀 있었기 때문에 미래로 향하는 문을 열 수가 없던 것이다.

'왜 그런 거지 같은 남자와 그렇게 오랫동안 머무르면서 단물만 빼먹게 내버려 뒀을까? 내 인생은 훨씬 더 나을 수 있었다고!'

똑같은 실수를 두 번 다시 반복하지 않기 위해서라도 진지한 탐문은 매우 중요하다. 그러나 내 이러한 질문은 그런 탐문을 위해서가 아니었다. 그것은 분노와 후회로 점철된 행동이었고, 좀 더 똑똑하게 행동하며 선택을 달리해야 했다는 생각에 뿌리내린 강박적이고 과장된 질문이었다. 하지만 나는 현명하지도 못했고 다른 선택을 하지도 못했다. 이는 체념하고 받아들여야 할 엄연한 사실이었다. 만약 이를 받아들이지 못했다면 나는 그다지 보고 싶지 않은 영화를 머릿속으로 끊임없이 돌려보며 평생 잭의 정신적 포로로 살았을 것이다.

이 장에서 우리는 과거를 반추하며 다른 선택을 했기를 바라는 절망적 습관, 후회, 원한 등을 버리고 앞으로 나아갈 수 있는 법에 대해 중점적으로 이야기를 나눌 것이다.

과거는 이미 지나갔다 ᴵ|ᴵᴵ|ᴵᴵᴵᴵᴵ

변하지 않는 인생의 진실이 하나 있다. 바로 '현실과 입씨름만 하다 보면 항상 질 수밖에 없다.'는 것이다. 다시 새롭게 정의를 내린다 해도 지금 현재 상황은 그대로의 모습에서 한 치도 달라지지 않는다. 현재 상황을 만든 조건들은 이미 역사가 되었다. 즉 '현재'를 만들어낸 일련의 사건들은 '과거'에 발생했고 과거는 이미 지나가 버렸다. 그러므로 어떠한 교훈을 배웠는지에 주의를 기울이고 더 나은 미래를 만들기 위해 기술을 연마하는 데 집중하는 것이 낫다. 과거를 바꾸기 위해 애쓰는 것 자체가 무의미하기 때문이다. 우리는 시간여행을 하는 SF 영화의 주인공이 아니기 때문이다.

잭과 관련된 판단이 대실패였다는 점을 인정하고 그 안에서 긍정적인 의미를 찾았을 때 마침내 더 나은 자신으로 돌아갈 수 있었고 소생할 수 있었다. 이것이 회복탄력성의 기본 정의다. 벽에 부딪힐 때 다시 되돌아 튀어오는 것 말이다. 나는 심지어 잭이 적당한 거리를 유지하는 법과 자기 자신을 속이지 않는 법을 아낌없이 가르쳐준 고마운 인생 코치라고까지 생각할 수 있게 되었다. 이러한 깊은 이해를 바탕으로 내가 행했던 일들을 과거로 떠나보내고 우리가 함께 보냈던 시간이 나에게 어떠한 영향을 미쳤는지에 대해 생각해볼 수 있었다. 그리고 이 관계를 통해 어렵게 배운 교훈은 미래의 더 현명하고 사랑이 넘치는 관계로 나아갈 수 있는 문을 열어주었다.

당신은 앞으로 나아갈 준비가 되었는가? 이제 당신의 인생을 받아들이고 과거와 화해해야 할 때다. 현실과 입씨름만 하다 보면 스트레스에 지쳐 나가떨어지고 피폐해질 뿐이다. 그러므로 자신을 일으켜 세워 먼지를 털어주고 과거의 경험에서 긍정적인 의미를 찾아보기 바란다. 현실의 수용을 하고 그로부터 무언가를 배우는 것은 더 나은 미래로 향하는 첫걸음이다.

현실의 수용은 현실에 굴복하는 것이 아니다

현실을 수용하라는 말은 삶을 뒷걸음치거나 굴복하거나 포기하라는 말로 오해되곤 한다. 그러나 사실대로 얘기하자면 그와 정반대다. 주위 환경을 있는 그대로 받아들이는 것은 긍정적이고 건강한 변화를 이끌어내는 기반이다.

예를 들어, 남편에게 학대당하는 두 여성이 있다고 가정 해 보자.

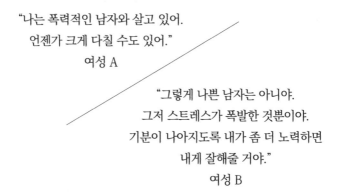

"나는 폭력적인 남자와 살고 있어.
  언젠가 크게 다칠 수도 있어."
            여성 A

                    "그렇게 나쁜 남자는 아니야.
                  그저 스트레스가 폭발한 것뿐이야.
                기분이 나아지도록 내가 좀 더 노력하면
                      내게 잘해줄 거야."
                          여성 B

이때 자신이 위험한 상황에 처해있다고 인정하는 여성(A)이 현실을 부정으로 일관하며 사는 여성(B)보다 현재 처해있는 상황으로부터 벗어나 도움을 구할 가능성이 더 크다.

환상과 현실 부정에서 벗어나는 일은 마치 미지의 세계로 걸어서 들어가는 것과 같기에 결코 쉬운 일이 아니다. 그러나 자신만이 느끼는 안전지대로부터 걸어 나올 때에는 명확해지는 것들이 너무나 많다. 만약 자신을 잘 아는 악마가 자신이 잘 모르는 악마보다 더 낫다고 믿는다면 앞으로 나아가는 것보다 나쁜 상황 속에 계속 머무르는 편이 더 나아 보일 수 있을 것이다.

만약 당신이 계속 같은 행동을 반복하면서도 결과가 달라지기를 기대하는 몽유병 환자라면 이편이 더 나을지도 모른다. 그러나 당신이 자신의 상황을 정면으로 마주 보면서 과거를 치유하는 데 필요한 도움을 구한다면 악마는 스스로 사라질 것이다.

원망은 자신에게 해가 될 뿐이다

원한을 품는 것은 독약을 마시고서 다른 사람이 죽기를 기다리는 것과 같다. 그 사람은 무사하고 당신만 고통받는다. 학대받는 많은 여성이 학대 후 남은 불안, 우울, 외상후스트레스, 분노가 영원히 사라지지 않을 커다란 흉터처럼 느껴진다고 말한다. 하지만 용서하는 법을 배운다면 많은 것이 달라질 것이다.

위스콘신 대학의 용서 연구 프로그램에서 후원을 받아 심리학자 게일 리드와 로버트 엔라이트가 2006년에 진행한 연구를 보자. 이들은 실험에 참가한 여성들에게 과거의 학대 상황으로부터 긍정적인 점도 찾아보도록 하는 훈련을 시켰다. 각종 상황에 대한 대처 기술을 배우고 자기주장 강화훈련 프로그램을 이수한 그룹에 비해 이 여성들은 우울, 불안, 외상후스트레스 증상을 현저히 감소되었음을 경험했다. 그리고 자존감, 용서하는 능력, 환경 통제력, 고통에서 의미를 찾는 능력은 훨씬 높았다. 이 여성들은 자신들을 계속 비참하게 만들고 과거에서 헤어 나오지 못하게 만드는 불평불만이 가득한 스토리에 집중하던 습관에서 벗어나 자신이 배운 긍정적인 점들은 명확히 식별하고 이에 집중할 수 있었다.

"원한을 품는 것은 다른 사람에게 던지려고 뜨거운 석탄을 손에 쥐고 있는 것과 마찬가지다. 화상을 입는 것은 자기 자신이다." - 붓다

용서는 용서하는 사람, 자신을 위한 것이다 ılılılı

원한을 버리는 것은 상대방의 잘못된 행동을 묵인하는 것과 전혀 관계가 없다. 법정에서 어떤 사람에게 불리한 증언을 하면서도 동시에 그 사람을 용서할 수 있다. 용서는 가해

자를 위한 것이 아니라 용서하는 사람을 위한 것이다.

예전보다 조금 더 많은 지혜와 연민을 갖고 삶을 원래대로 되찾아 평온한 상태에서 앞으로 나아가는 것이다. 스탠퍼드 대학에서 진행하는 용서 프로젝트를 책임졌던 심리학자 프레드 러스킨은 ≪용서forgiveness for good≫라는 중요한 책을 썼는데, 이 책에는 신중한 연구를 거쳐 알아낸 용서로 향하는 아홉 단계가 잘 정리되어 있다. 이 아홉 단계는 아주 상식적인 원칙들로 이루어져 있는데, 나는 이를 더 구체화시키고 부연하고 수정해 다음 여섯 단계로 가다듬었다.

용서로 향하는 6단계 ⅰⅼⅰ|Ⅼ|Ⅼ|ⅰ

1. 자신의 이야기를 털어놓으라

발생한 일에 대한 자신의 감정을 면밀하게 살펴보고 자신이 아직 괜찮지 않은 부분들을 구분해서 그것을 당신이 신뢰하는 사람에게 털어놓으라.

2. 자신에게 상처 입힌 것들은 다 지나간 과거다

당신이 현재 겪고 있는 고통은 당신이 여전히 가지고 있는 안 좋은 감정들로부터 나온 것이다. 이 감정들은 용서를 통해 치유해야 할 것들이다. 부정적인 감정들이 엄습해올 때면 빠르게 걷거나, 복식 호흡을 하거나, 명상을 하거나, 악기를 연주하거나, 웃을 수 있는 것들을 찾거나, 샌드백을 때리며 에너지를 발산하거나, 여러 다른 스트레스 조절 기술을 이용해 생각의 방향을 바꾸도록 노력하라.

3. 잘 사는 것이 최고의 복수다

당신에게 상처를 주었던 사람에게 당신의 불행을 보고 만족감을 느낄 기회를 더 이상 주지 말라. 그 사람은 그러한 만족감을 이미 충분히 즐겼다. 아름다움을 즐기고, 좋은 사람들과 우정을 나누고 다른 사람들을 돕고, 인생을 즐기고, 기쁨과 친절을 나누라.

4. 삶은 공평하지 않다. 그러니 삶이 공평해야 한다는 생각을 넘어서라

착한 친구들에게 안 좋은 일들이 벌어지곤 한다. 정의를 구현하고 자기 자신을 포함해 누군가를 벌주는 것이 당신의 임무는 아니다. 당신의 임무는 자신의 인생을 즐기는 것 그리고 다른 사람이 자신의 인생을 즐길 수 있도록 돕는 일이다. 매일 한 가지씩 새로이 감사해야 할 일을 찾는 것을 습관으로 삼는다면 당신은 더 행복해질 수 있을 것이다. 그리고 더 건설적인 방식으로 변화에 대한 동기를 얻을 수 있을 것이다.

5. 피해의식을 버리라

자신을 희생자라고 생각하면 처음에는 힘이 날지도 모른다, 하지만 어느새 빠른 속도로 기분이 나빠질 것이다. 자신을 더 현명하거나 강하게 만들어준 숨겨진 이점을 찾아 자신의 불평불만 스토리를 고쳐가자. 자신을 희생자가 아닌 승리자로 여기라. 과거로 향하는 문을 닫고 한 걸음 앞으로 나아가라.

6. 인내심을 가지고 기다리라

용서는 하룻밤에 이루어지지 않는다. 점진적인 과정이며 서두른다 해서 빨리 도달할 수 있는 성질의 것이 아니다. 상처 입은 감정들이 간헐적으로 되살아날 때마다 자기 자신에게 부드럽게 대하기 바란다. 그러한 감정들을 인지하되 그 안에 빠져들어서는 안 된다.

통계에 따르면 약 94%의 사람들이 용서가 좋은 것이라고 믿고 있지만, 오직 48%의 사람들만이 용서를 실제로 시도해보았다고 한다. 당신은 어느 쪽에 속하는가?

불평과 불만을 감사로 바꾸기 ‖‖‖‖

모든 사람은 흥미진진한 불평불만 스토리로 가득 차 있는 마음속 서재를 가지고 있다. 그리고 누구나 이 드라마들을 읽고, 읽고 또 읽어보고 싶은 유혹을 느낀다. 오래된 레퍼토리들이다. 대중들이 좋아하는 드라마는 보편적으로 '부모가 어떻게 내 인생을 망쳤나?', '지옥에서 온 보스', '빌어먹을 증권사 직원', '실연과 배신', '고마운 줄 모르는 자식들'등 삶에 부정적인 내용이 다양하게 포함되는 자극적이고 선정적인 타이틀이 많다. 러스킨 박사는 이러한 고통스러우며, 부정적인 이야기들을 고마워해야 할 것들로 바꾸라고 충고한다. 절망적 상황의 이면의 숨겨진 긍정적인 요소를 찾는 것은 회복탄력성이 높은 사람들에게서 흔하게 볼 수 있는 특징이다.

뉴욕에 있는 마운트시나이 의과대학의 학장을 지낸 데니스 차니 박사는 전쟁 포로였던 퇴역 군인 250명을 대상으로 기념비적인 연구에 참여했다. 그들 중에는 베트남 전쟁에서 전투기가 격추당했던 파일럿들이 많았다. 어떤 사람들은 삶의 질에 심각하게 영향을 미치는 만성적 스트레스와 환각에 시달리고 있었다. 반면 어떤 사람들은 8년 동안 독방에 감금되어 매일같이 고문에 시달리며 엄청난 고통을 받았음에도 불구하고 우울증과 외상후스트레스장애를 현저히 적게 경험했다. 차니 박사는 두 그룹 사이의 차이점을 이렇게 설명했다.

"회복탄력성이 높은 군인들 또한 포로수용소에서 보냈던 시간을 끔찍했던 시간으로 여기는 건 마찬가지입니다. 하지만 그들은 다른 방법으로는 배우지 못했을 귀중한 점들을 그 경험을 통해 배웠다고 받아들였습니다. 그리고 이러한 귀중한 교훈들은 나중에 인생에서 다른 문제에 부딪힐 때 용감이 맞설 수 있도록 그들을 단련시켜주었습니다."

당신이 원한을 떨쳐버리고 인생의 교훈을 발견할 수 있다면 최고의 미래를 만들기 시작할 준비가 이미 되어 있는 것이다.

Chapter 4

현명한 이기주의 (wise selfish)

: 흐름 전환

"베푸는 일은 받는 사람뿐 아니라 베푸는 사람에게도 좋다.
그렇다는 사실을 과학이 증명해준다.
조금 더 관대해진다면 우리는 더 행복해지고 더 건강해지고
심지어 조금 더 오래 살 수 있을 것이다."
— 스티븐 G. 포스트 박사

2009년 1월 15일 US 항공 1549기가 뉴욕 라구아디아 공항을 출발했다. 그러나 이륙한 지 채 2분도 지나지 않아 캐나다 오리떼가 비행기와 충돌했고 양쪽 엔진이 다 망가져 버렸다. 순식간에 엔진의 동력이 나가버렸고 항공 관제탑과의 교신도 끊어져 버렸다. 절체절명의 순간, 기장인 체슬리 슬렌버거는 오랜 시간 쌓아온 경험, 중압감 속에서도 침착함을 유지하며 놀라울 정도의 창조성과 대담성을 발휘해 비행기를 13킬로미터 정도 더 아슬아슬하게 운행했고 근처에 있는 허드슨강에 불시착시켰다. 덕분에 150명의 승객과 5명의 승무원 전원은 소중한 목숨을 구할 수 있었다. 비행기가 허

드슨강 수면 위에 비상 착륙했을 때 몇몇 사람들은 여성들과 아이들이 우선으로 탈출할 수 있도록 도우려 애썼다.

그러나 그보다 더 많은 사람들은 먼저 자신만 필사적으로 탈출하려 애쓰면서 옆에 있는 사람들을 밀쳐대고 넘어진 사람들을 무시하며 탈출하려고 했다. 심지어 어떤 사람들은 짐을 잃어버리지 않고 챙기겠다며 비행기 선반을 뒤지느라 탈출 통로를 가로막고 있기도 했다. (이런 사람들은 비상착륙 시에는 짐을 놔두고 우선 탈출부터 하라는 안전수칙 안내방송을 귓등으로 흘렸을 것이다.)
마침내 155명 전원이 기적적으로 탈출에 성공했다.

가장 마지막에 비행기를 떠난 사람은 슬렌버거 기장이었다. 그는 한 사람도 남아 있는 사람이 있는지 없는지 확인하기 위해 여객실을 두 차례나 훑어보았다. 비행기 바깥의 온도는 영하 6도 정도로 온몸이 얼어붙을 지경이었다. 하지만 슬렌버거 기장과 승무원들은 구조를 기다리는 동안 자신들의 재킷을 벗어 덜덜 떨고 있는 승객들에게 건넸다.

승객 중 배리 레너드라는 사람을 구명보트에 올라타기 전

물속으로 뛰어든 터라 온몸이 흠뻑 젖어 있었고 저체온증 때문에 목숨이 위태로울 지경이었다. 죽을 고비를 넘기고 난 후 그는 인터뷰에서 이렇게 말했다.

"정말로 얼어 죽을 것만 같았습니다. 그때 한 승무원이 제게 오더니 이렇게 말하더군요. '젖은 셔츠를 빨리 벗으십시오. 대신 물에 젖지 않은 제 셔츠를 입으세요.' 라고요. 그리고 그는 저에게 자기 셔츠를 벗어주었습니다. 맨몸 위에 입고 있는 셔츠를 말 그대로 한 치의 망설임도 없이 곧바로 벗어 저에게 주었지요. 제 몸을 따뜻하게 해야 한다는 이유 하나로요. 저는 평생 그 셔츠를 버리지 않을 겁니다.[1]

내가 아닌 다른 사람에게 초점 맞추기 ᖲᖲᖲᖲᖲᖲ

'흐름 전환'이라는 말은 노스캐롤라이나주 윈스턴 살렘에 있는 '목적 있는 삶을 위한 센터'에서 1년 과정의 코스를 열고 있는 수잔 배게트와 토머스 화이트에게 배운 용어다.

흐름을 뒤집는다는 것은 자신의 일에 대해서만 걱정하는

'나 중심적인 사고'에서 벗어나 다른 사람의 필요에 초점을 맞추는 것이다. 이러한 감응 능력은 주는 사람과 받는 사람 모두 기분이 더 좋아지게 만든다.

US 항공 1549기의 승객 배리 레너드가 승무원의 셔츠를 평생 버리지 않겠다고 말한 것이, 이에 대해 잘 말해준다. 우리는 상대에게 연민을 느끼고 관대해지는 순간을 지속적으로 상상해볼 필요가 있다. 연민과 관대함이 불러일으키는 긍정적인 감정들은 영혼과 맞닿아 있으며 매우 깊고 넓다. 또 이러한 긍정적인 감정들은 온전히 인간답다는 것이 어떠한 의미인가를 다시금 생각하게 해준다.

달라이 라마는 다른 용어를 이용해 이 흐름 전환에 대해 설명한다. 달라이 라마는 흐름 전환을 '현명한 이기주의wise selfish'라고 부르는데, 다른 사람을 도우면서 자기 자신도 구원할 수 있는 지혜로운 방법이기 때문이다.

이타주의가 건강에 어떠한 이점을 주는지에 대한 연구는 그의 말이 전적으로 옳다는 사실을 입증해준다. 다른 사람들에게 무언가를 베푸는 일은 스트레스를 줄여주고, 삶의 질을

높여주고, 인생에 의미와 목적을 부여해주고, 심지어 수명이
늘어나게 도와주기도 한다.

어느 AIDS 환자에게서 배운 교훈

암세포 생물학자로서 종신 교수직을 준비하면서 나는 커리어 장벽에 부딪히고 말았다. 연구보조금을 지원받지 못하고 연구 프로그램 전체가 무산되어버릴지 모른다는 걱정에 휩싸여서 나는 내 자신에 대한 생각에만 빠져 있었다. 하버드 대학은 "논문을 출판하지 못하면 도태되는 'publish or perish'라는 정책이 있어서 연구보조금을 지원받지 못한다는 것은 곧 일자리를 잃을지도 모른다는 것과 동일한 의미였다. 몇 주일 동안 나는 바짝 긴장하고 짜증이 가득한 채로 내 자신에게만 매몰되어 안절부절못한 채 서성댔다. 만약 누가 그 상황을 봤다면, 그리 보기 좋은 광경은 아니였을 것이다.

그러던 어느 날 클리닉에 있는데 호출기가 울렸다. 한 에이즈 환자가 '마음의 평화를 찾기 위한 상담'을 신청한 것이다. 이러한 상담이란 게 따로 있지는 않았지만, 그 당시에 나는

학교에서 명상을 가르치고 있었기 때문에 내게 호출이 온 것이었다. 나는 가운을 입고 장갑을 낀 후 샘의 방에 들어섰다.

사실대로 말하자면, 속으로는 부들부들 떨고 있었다. 바이러스가 아직 분리되기 전이었기에, 나는 가족을 감염의 위험에 빠뜨리는 것은 아닌지 불안했다. 물론 또 다른 중요한 문제도 있었다. 나 스스로, 자신의 초조함에서 빠져나오지 못하고 있는데 나 같은 사람이 다른 사람이 마음의 평화를 찾는 일을 어떻게 도울 수 있을지도 의문이었다.

나는 의자를 끌어당겨 앉았고 우리는 인생에 대한 이야기를 나누기 시작했다. 해가 뉘엿뉘엿 저물며 둘만 있는 병실을 엷은 핑크빛으로 물들였고 곧 어스름해지기 시작할 무렵, 나는 샘에게 명상하는 법을 가르쳐주고 나서 그가 잠이 들 때까지 몇 분 동안 손을 잡아주었다. 나와 비슷한 나이였지만 더 어리고 연약해 보였다. '그도 어느 어머니의 아들일 것이다. 그리고 이 순간 나는 그의 유일한 어머니나 마찬가지다.'라는 생각이 들며 그의 초췌한 얼굴이 편안해지는 것을 보면서 내 문제는 점점 희미해지기 시작했다. 그를 보살피면서 어느덧 관심의 흐름이 내 자신의 문제로부터 겁에 질리고 고통스러운 한 인간에 대한 염려로 전환된 것이다.

샘의 영향으로 에이즈 환자들을 돕는 일은 내 소명이 되었다. 당시는 에이즈 치료제가 개발되기 전이라 에이즈에 걸리면 사형 선고를 받은 것이나 다름없던 시절이었다. 연구 활동을 계속하기는 했지만, 에이즈 환자 1세대의 혼란과 고통에 신음하는 젊은이들을 돕는 일이 내게 더 우선이 되었다. 그들을 위한 클리닉을 세운 일이 내게 '현명한 이기주의'였다. 그들을 그들이 아니었다면 배우지 못했을 많은 것들을 내게 가르쳐주었고 결과적으로 내 인생의 궤도를 수정하게 해주었다.

당신이 연민을 느꼈던 순간은 언제인가? ıl|lıl|l|ı

이제 내 이야기를 들었으니 당신 자신의 이야기로 실험을 해볼 차례다. 아마 10~15분 정도 걸릴 수도 있다. 번거롭게 느껴질지 모르지만, 이 정도의 시간을 투자할 가치가 충분히 있다. 마음속 깊은 연민을 느꼈던 기억을 떠올려보고 그에 관한 몇 가지 질문에 답해야 하므로 간단한 종이와 펜을 준비하는 것이 좋을 것이다.

최근에 있었던 일이어도 좋고 아주 오래된 일이어도 좋다. 죽음을 목전에 둔 사람 곁을 지켜주었던 일처럼 중대한 일이어도 좋고, 일진이 안 좋았던 사람에게 환한 미소를 지었던 일처럼 소소한 일이어도 좋다. 오로지 중요한 점은 그 일을 하면서 꾸밈없이 진실했고 마음 깊이 우러나와서 했느냐이다. 다시 말해 별생각 없이 즉흥적으로 경험하는 행복보다 마음을 다해 그렇게 행동했느냐 하는 것이다.

예를 들어 당신이 길모퉁이를 지나가다가 구걸하는 사람을 보고 주머니에서 지갑을 뒤져 얼마의 돈을 준 적이 있다고 하자. 바로 그 순간 그 사람의 어떠한 면이 당신에게 말을 걸었을 것이다. 그리고 어떤 의식적인 혹은 무의식적인 연결고리가 당신에게 멈추어 서서 작은 선행을 베풀라고 말했을 것이다. 혹 당신은 그 사람과 몇 마디를 나눈 후 마음이 찡해져 옴을 느꼈을지도 모른다.

아가페적 순간을 회상하는 법 ᴵᴵᴵᴵᴵᴵᴵᴵᴵ

'아가페적 순간(연민의 경험)'을 회상하기 위해 다른 사람에게 다음의 지시사항들을 읽어달라고 부탁해도 좋다. 아니면 또박또박 읽어 녹음기에 녹음한 다음 들어보는 방법도 있다.

1. 눈을 감고 얼마 동안 마음을 가라앉히고 평정을 되찾는 시간을 갖자.

가장 간단한 방법은 호흡을 일부러 바꾸려 의도하지 말고 호흡 자체에 집중하는 것이다. 숨이 콧속으로 들어올 때는 차가웠다가 나갈 때는 따뜻해짐을 느낄 수 있을 것이다. 또 다른 방법은 숨을 들이마실 때 배가 부풀었다가 숨을 내쉴 때 홀쭉해지는 것을 느끼는 것이다. 다섯 번에서 열 번 정도 호흡을 하면서 이 방법을 취해보자. 어느 때고 몸과 마음을 차분히 할 수 있는 단순하고도 강력한 방법이다.

2. 이제 당신의 가슴 한가운데에 주의를 기울이자.

자신이 주위의 공기를 심장 안으로 들이마시고 있다고 상상하자. 공기가 당신의 심장을 마사지하고 부드럽게 하는 것을 느낄 수 있을 것이다. 그 부드러운 느낌을 모아 다시 바깥으로 숨을 내쉬라.

3. 이제 당신이 누군가를 돕고 느꼈던 때를 회상해보자.

그 장면을 마음속에 떠올려보자. 타인은 어디에 있었는가? 그 사람은 어떻게 생겼는가? 두 사람 사이에 어떠한 일이 있었는가?

4. 이제 기억을 놓아주고 당신의 몸 안에 남아 있는 느낌에 주의를 기울이라.

5. 눈을 뜨고 어떠한 기분이 드는지 리스트를 작성해보자.

경외, 사랑, 기쁨, 신념/신뢰, 평화, 희망, 용서, 감사, 연민 등의 긍정적인 감정들은 그 자체로 영적이다. 자아를 확장시키고 자신을 관대하게 만들어주기 때문이다. 이러한 감정들은 에너지가 자유롭게 움직일 수 있도록 해주며 근육 하나하나와 몸 전체의 긴장을 풀어준다. 반면에 불안, 우울, 분노 같은 부정적인 감정들은 긴장을 낳고 에너지의 흐름을 방해한다.

아가페적 순간을 회상할 때 어떠한 감정이 들었는가? 감정 리스트를 잘 만들었는가? 하버드 의대 교수인 심리학자 조지 E. 베일런트는 경외, 사랑, 기쁨, 신념/신뢰, 평화, 희망, 용서, 감사, 연민 같은 긍정적인 감정들은 본질적으로 영적이라고 말한다. 자아에 매몰되지 않고 삶과 연결될 수 있게 해주고, 자기 자신을 넘어선 곳으로까지 관심 영역을 확장시켜주기 때문이다. 베일런트는 다음과 같이 말한다.

"부정적인 감정은 '나에 대해서만 생각하는' 것이다. 반대로 긍정적인 감정은 자신을 자기 자신으로부터 자유롭게 하는 것이다. 복수의 감정과 용서의 감정은 동시에 생겨난다. 그러나 이 두 감정이 장기적으로 가져오는 결과는 극명하게 다르다. 부정적인 감정이 생존에 필수적이라 볼 수 있다. 그러나 오직 '현재'만을 생각했을 때 그러하다. 긍정적인 감정은 우리를 더 확장시켜주고 시야를 넓혀주고 무언가를 만들어낼 수 있도록 도와준다. 긍정적인 감정은 우리가 미래에 생존할 수 있도록 도와준다."[2]

당신은 어떨 때 연민을 느끼는가? 나만의 문제, 내 가족만의 문제, 나와 비슷하게 생기고 비슷하게 생각하는 사람들만의 문제를 뛰어넘어 다른 문제에 대해서도 염려하는가? 모든 생명체와 지구 자체를 포용할 수 있을 정도로 마음이 확장된다면 당신은 진정한 행복을 얻을 수 있을 것이다.

연민을 만들어내는 긍정적인 감정은 사람들이 각자 어떠한 신념체계를 가졌느냐에 상관없이 모든 영적 행위의 토대로 작용한다. 실제로 모든 종교에서는 다른 사람을 돌보는 일은 한 개인의 영적인 삶과 절대 분리될 수 없다는 의견에 동의한다.

기독교에서는 이와 관련된 행동을 황금률이라고 한다.
'다른 사람이 당신에게 해줬으면 하는 대로 다른 사람에게 하라'

유대교 전통에서는 다음과 같이 말한다.
'당신에게 해로운 일을 다른 사람에게 하지 말라. 이것이 원칙이다. 나머지 모두는 주석에 불과 한다.'

일본 신도(神道) 전통에서는 같은 말을 이렇게 시적으로 표현한다.
'당신 앞에 있는 사람의 마음이 거울이다. 당신 자신을 보고 싶다면 그것을 보라.'[3]

"베푸는 것이야말로 지구상에서 가장 강력한 힘이다. 그리고 인생 내내 당신을 지켜줄 힘이기도 하다."

뉴욕의 스토니브룩 대학에서 '인도적 의학, 연민적 돌봄, 생명윤리를 위한 센터'의 소장을 맡고 있는 스티븐 G. 포스트의 말이다. 포스트는 또한 54개 주요 대학의 과학자들이 하는 50개 이상의 연구를 후원하는 비영리 단체 '무제한적 사랑에 대한 연구소'의 소장이기도 하다. 이 연구들의 결과는 포스트가 저널리스트 질 네이마크와 공동 저술한 책 ≪왜 좋은 사람들에게 좋은 일이 일어날까?Why good things happen to good people≫에 잘 정리되어 있다.

연민은 어른들뿐 아니라 청소년들의 삶의 질 또한 향상시킨다. 다른 사람들을 돕는 십 대 아이들은 덜 관용적인 아이들보다 우울증에 걸릴 가능성이 더 적고 자살률 또한 더 낮다. 게다가 다른 사람을 돕는 법을 배우면 생애 내내 좋은 정신건강과 육체 건강을 유지하도록 균형을 잡는 데 도움이 된다. 자녀에게 도움의 기쁨을 가르쳐야 할 정말 강력한 이유이지 않은가?

또한 타인을 돕는 일은 생의 후반부에 있는 사람들에게도 좋다. 노인들이 자원봉사를 할 때(혹은 집에서 다른 사람들을 위한 기도 정도만 한다고 해도) 고령에 따른 사망의 위험이 상당히 감소한다. 당신이 어떤 연령대든지 흐름을 전환하는 것이 기분을 끌어올려주는 최고의 방법 중 하나라는 것은 확실하다.

타인을 도울 때 받는 만족감 ᴵᴵᴵᴵᴵᴵᴵᴵᴵᴵᴵ

헬퍼스 하이(helper's high, 달릴 때 처음에는 힘이 들지만 30분 이상 달리면 어느 순간 황홀경을 경험하는 '러너스 하이 runner's high'와 비슷한 개념으로, 낯선 타인을 도울 때 기분이 좋아지는 현상)을 일컫는다. 이때에는 혈압과 콜레스테롤 수치가 현저히 낮아지고 엔도르핀이 정상치의 3배 이상 분비된다는 하버드 연구 결과도 있다.

헬퍼스 하이는 강력한 기쁨의 감정이다. 살아 있다는 것에 대해 감사하게 해주는 거대하면서도 생동감 넘치는 에너지다. 좋은 일을 하고 난 후 행복감이 급격히 밀려드는 형태로 시작됐다가 시간이 흐르면 평정심, 만족감, 감정적 평안의 형태로 발전한다. 자기 자신으로부터 다른 사람에게로 흐름을 전환하면 고통을 없애주는 기적의 호르몬인 엔도르핀이 솟아나며 육체적 고통이 경감된다.

자신이 아닌 다른 사람에게 더 마음을 쓰면 고통에 대한 지각이 완전히 사라지거나 현저히 감소된다. 이외에도 다른 여러 호르몬상의 변화들이 스트레스를 감소시키고 면역력을 강화하고 심장을 보호해준다. 그리고 자기 자신에 대해 더 좋은 감정을 가질 수 있도록 만들어준다. 또한 과거를 놓아주고 미래에 자신을 내맡길 수 있도록 만들어준다. 이것이 바로 다음 장의 주제이다.

1부에서 우리는 회복탄력성의 세 가지 비밀에 대해 알아보았다. 현실의 단호한 수용, 인생은 의미로 가득 차 있다는 깊은 믿음, 해결책을 임시변통할 수 있는 기술이 그것이었다. 또한 우리는 낙관주의, 비관주의와 관련되어있는 설명 방식에 대해 알아보았고 부정적 사고에 반박할 수 있는 방법도 배웠다. 현실을 수용하는 것의 이점과 연민의 이점에 대해 알아보았고, 새로운 경험을 맞이하기 위해 과거의 불평불만을 떠나보내는 법에 대해서도 배웠다.

앞으로 2부에서 우리는 뇌의 재훈련할 수 있는 방법들에 대해 깊이 탐구해 볼 것이다. 뇌를 재훈련한다는 것은 말 그대로 더 창의적이고, 공감적이고, 회복탄력적이 되기 위해 신경 시스템을 다시 프로그래밍하는 것을 말한다. 이러한 재훈련은 '당신 자신이 미래가 될 수 있도록' 발판이 되어줄 것이고, 이는 3부에서 다룰 내용이기도 하다.

당신이 다른 사람에게 연민을 느꼈던 순간이 언제인가?

● 어떤일이 있었는지 간략하게 생각해보라.

● 다름 사람에게 연민을 느끼게 된 결정적 순간이었는가?

● 그 순간이 진실하고 마음을 다했던 순간이었는지 돌이켜보라.

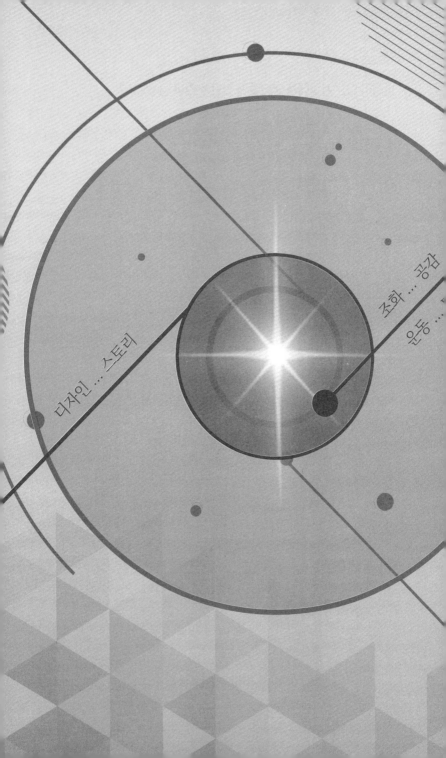

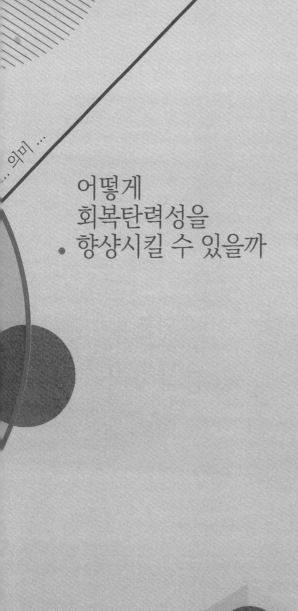

…의미 …

어떻게
회복탄력성을
향상시킬 수 있을까

Part 2

Chapter 5

우뇌를

활성화하라

재는 재로, 먼지는 먼지로 돌아간다.
뇌에 기름을 칠하라. 다 녹슬어버리기 전에
– 익명

　사람들은 평균적으로 하루에 2만 5000~ 5만 개 정도의 생각을 한다고 한다.[1] 나는 연구자들이 어떻게 이 수를 세고 있었을지 늘 궁금했지만 많은 계획과 기록, 통계 분석을 통해서 이 수치를 얻었으리라 생각한다. 이처럼 수많은 생각을 하는 것이 문제가 될 때가 바로 스트레스가 발생하는 시점이다. 스트레스가 생기면 우리의 이성적인 마음은 충실한 심복에서 적군으로 돌변한다. 많은 생각 중 다수가 부정적으로 변하고 불안과 분노, 그리고 우울이 기다렸다는 듯이 덩달아 뒤에 찾아온다.

우리는 이미 부정적인 사고를 반박하는 법과 낙관적인 현실주의자처럼 사고하는 법에 대해 배웠다. 하지만 '사고'는 언어로만 포장되어 전달되지 않는다. 이미지, 신체 감각, 꿈, 직감 등이 직관적 통로를 통해 중요한 정보를 제공한다. 이러한 비언어적 인지 방식은 우리 뇌의 우반구의 패턴 인지 기술을 통해 처리된다.

더 나은 미래를 위해 대안을 임시변통하는 능력('브리콜라주'라는 회복탄력적 기술)은 능동적이고 유연한 우뇌를 필요로 한다. 우뇌는 미묘한 신호를 감지하고, 그 사이의 연관성을 발견하고 더 큰 그림을 이해할 수 있게 해준다. 그리고 나서야 좌뇌는 비어 있는 세부사항들을 비로소 채울 수 있다.

베스트셀러 작가이자 저널리스트인 다니엘 핑크는 우뇌의 속도를 높일 수 있도록 뇌를 재훈련하는 것에 관한 책을 썼다. 책의 제목은 ≪새로운 미래가 온다 : 우뇌 사용자들이 미래를 지배하는 이유A whole new mind:why right-brainers will rule the future≫인데, 원제에서 쓰인 '온전한 whole'이라는 말은 뇌 전체, 즉 좌뇌와 우뇌를 모두 사용하는 것을 말한다.

핑크는 예전에는 정보가 성공을 좌우하는 필수요소였지만 급격한 인터넷 시대의 발달로 이제 많은 양의 데이터의 보유가 곧바로 성공을 보장하지는 않는다고 말한다. 핵물리학이든, 흔치 않은 재료로 고기찜을 만드는 요리법이든 세상 속 어떠한 것에 대한 정보도 이제 클릭 한 번이면 단번에 해결된다.

포스트모던 시대에 가장 필요한 기술은 '통합'하는 기술이다. 즉 기존의 요소들을 섞어 완전히 새로운 무언가를 융합하여 만들어내는 기술이다.

한가지 예를 들어보자. 수소원자(H)와 산소원자(O)는 결합해 완전히 다른 의외의 성질을 가지고 있는 물 분자(H_2O)를 만들어낸다. 물은 습하고, 액체이고, 얼음이나 증기로 변할 수도 있다. 완전히 새로운 창조인 셈이다.

또 어떤 아이들은 부모와 너무도 달라 궁금증을 자아낸다. 이 아이들을 볼 때 우리는 기적적인 통합, 즉 부분의 단순한 총합을 뛰어넘는 '의외의 성질'을 보고 있는 것이다. 아이들은 부모를 통해 세상에 나오지만, 아이들 그 자체로 생명의 고유하고 독창적인 표현이다.

핑크는 통합 능력을 촉진시키는 6가지 우뇌 능력에 대해 정의하고 있는데, 그는 새로운 미래 사회에서 성공하기 위해서는 이 능력들이 반드시 필요하다고 주장한다. 핑크는 이 능력들을 '6가지 감각six senses'이라고 부르는데, 희망적인 소식은 이 6가지 감각 모두 우리의 노력에 의해 향상될 수 있는 능력이라는 점이다. 이에 대해 이제부터 간단히 설명하겠지만 더 자세한 정보를 얻고 싶다면 핑크의 저서 ≪새로운 미래가 온다≫를 한번 읽어보기 바란다.

1. 디자인 - design

굴러가기만 하는 네모난 상자 모양의 지루하기 짝이 없는 차를 계속 만들 이유가 있는가? 앞으로 수소차나 전기차 같은 에너지 효율적인 기술이 대세일 것은 분명하지만 이는 사람들이 추구하는 것의 극히 일부분일 뿐이다. 어떤 제품이든 예술적이고 감성적인 매력을 가지고 있다면 아름다움과 조화에 대한 인간 고유의 갈망을 충족시켜줄 수 있을 것이다.

2. 스토리 - story

어느 강의에서 들었던 인상 깊은 일화를 기억하는가? 그날 들은 데이터에 대해서는 하루 이틀이면 다 잊어버리겠지만 스토리는 몇 년 동안이고 우리에게 영감을 줄 수 있다. 좋은 스토리는 상상력을 자극하고 뇌의 변연계에 저장되었다가 감정에 의해 다시 환기된다. 이는 언어로 암호화되어 해마에 저장되는 기억과는 사뭇 다르다.

3. 조화 - svmphony

이 용어로 핑크는 '통합'을 의미했다. 각각의 부분들의 단순한 총합을 초월해 의외의 가능성을 갖게 되는 '큰 그림'을 볼 줄 아는 직관적 능력을 말한다.

4. 공감 - empathy

이력서를 한번 훑어보는 것과 이력서가 말하고 있는 사람을 이해하는 것 사이에는 커다란 차이가 존재한다. 자기 자신의 감정과 다른 사람들의 감정을 잘 느끼고 이를 제대로 다룰 줄 아는 능력인 정서 지능은 인생의 모든 영역에서 성공할 수 있게 도와주는 강력한 도구다.

5. 놀이 - play

주위 사람들에게 손가락에 물감을 묻혀 그림을 그려보라고 해보라. 미술치료사인 내 친구는 이렇게 해보았는데 모든 사람들의 기분이 한결 좋아졌다고 한다. 놀이는 자발성을 고양하고 통합, 인간관계, 기쁨과 같은 긍정적인 감정들에 도움이 된다. 회복탄력성이 높은 사람들은 많이 웃는다. 재미있는 게임을 하고 신나게 한바탕 놀면 인간관계도 술술 풀리고 머리도 잘 굴러갈 것이다.

6. 의미 - meaning

현대 사회에서 소유와 소비에만 집착하게 된다면 인생의 참된 즐거움을 이해할 기회를 잃어버릴 때가 많다. 그러한 이유로 돈과 탐욕을 초월하는 '의미와 목적'에 대한 끝없는 갈망이 존재한다.

이 장에서 우리는 유머에서, 무술, 알아차림, 요가, 명상에 이르기까지 뇌를 훈련할 수 있는 갖가지 활동들에 대해 탐색해볼 것이다. 이러한 활동들은 우리의 뇌 전체를 가동하고, 몸과 마음을 치유하고, 영혼을 고양시켜 줄 것이고, 회복탄력적 사고에 적합한 뇌 회로를 만드는 데 큰 도움이 될 것이다.

우뇌 + 좌뇌 = 온전한 뇌

사람들은 모두 두 개의 뇌를 가지고 있다. 더 정확히 이야기하자면 뇌는 두 개의 반구로 이루어져 있고, 회복탄력성을 높이기 위해서는 두 개의 뇌를 최대한 자신에게 유리하게 이용해야 할 필요가 있다.

박사 학위를 준비하는 초보 의학자였을 때, 나는 캘리포니아 공과대학의 교수이자 신경과학자였던 로저 W. 스페리 박사의 연구에 대해 공부했다.

스페리 박사는 중증 간질 발작을 치료하기 위해 뇌량(좌우의 대뇌반구 사이를 연결하고 있는 신경섬유다발)이 절단된 사람들을 연구했다. 이러한 사람들은 한쪽 뇌반구에서 다른쪽 뇌반구로 어떠한 정보도 전달되지 않기 때문에, 각 뇌반구의 기능을 정확히 관찰해볼 수 있었다. 스페리 박사는 이 '분리된 뇌'에 대한 실험으로 1981년 노벨상을 수상했고, 이 실험을 통해 두 뇌반구의 서로 다른 기능에 대한 많은 정보가 세상에 알려질 수 있었다. 스페리 박사가 활동했던 시대에 과학자들은 좌뇌가 우뇌보다 훨씬 더 중요하다고 주장했다.

좌뇌는 언어기능과 연역적 추론을 책임지고, 냉장고 안을 점검하고 목록을 작성해 마트에 가서 필요한 것을 사 오게 하는 합리적이고 선형적 사고를 관할한다. 좌뇌가 매우 발달한 사람은 달에 우주비행사를 보내거나 수백 년 동안의 경제 흐름에 대해 예측할 수 있다.

반대로 우뇌는 현저히 낮게 평가되었다. 우뇌는 '말하는' 것과 관련이 없었고, 우뇌의 수학적 기술은 거의 바닥이었다. 하지만 우뇌가 제 할 일을 하지 않는다면 우리는 인간으로 존재한다는 것의 의미를 잃어버릴 수밖에 없다. 우뇌가 정상적인 기능을 하지 않으면 창조성, 의미를 부여하는 능력 그리고 논리로 이해할 수 없는 수준 이상의 크고, 신비하며, 아름다운 우주에 우리가 속해 있다는 느낌 등을 잃어버리게 된다.

우뇌는 또한 공간 감각과 지도를 읽을 수 있는 능력을 부여해준다. 아마도 우뇌가 읽을 수 있는 가장 비범한 '지도'는 바로 인간의 얼굴일 것이다. 한 얼굴과 다른 얼굴 사이의 차이점을 구별하는 능력은 생존에 매우 필수적인 기술이다. 특정한 감정 상태를 드러내는 표정의 미묘한 뉘앙스를 읽을 수 있기 때문이다. 이러한 능력이 없다면 우리는 다른 사람과 인간적으로 관계를 맺을 수 있는 능력이 결핍된 〈스타트렉〉의 외계인 과학자 스폭처럼 되고 말 것이다.

그리고 우뇌가 제대로 기능하지 않는다면 사람다움의 또 다른 필수적인 측면을 잃어버릴 것이다. 바로 유머 감각이다.

유머 감각

앞에서 이야기했듯이, 데니스 차니 박사와 스티븐 사우스윅 박사는 전쟁 포로였던 퇴역 군인들을 인터뷰했다. 그들 중 대부분은 비행기 조종사였고 베트남 전쟁 중에 비행기가 격추당한 경험을 가지고 있었다. 두 박사는 인터뷰를 한 군인들 중 일부에게 외상후스트레스장애의 발생률이 더 낮다는 사실을 발견했고, 이처럼 회복탄력성이 높은 사람들이 공통적으로 보유한 특징 중 대표적인 하나가 왕성한 유머 감각이라는 점 또한 발견했다.

한가지 예로, 베트남 전쟁 도중 격추되어 5년 반 동안 전쟁 포로로 있었고 그 후 애리조나 상원의원을 지냈던 존 매케인이 대선에 도전했을 때의 일이다. 그의 위트는 그가 정치적으로 민감한 주제들에 대해 수월하게 토론할 수 있도록 도와주었으며 대중이 그에게 인간미를 느낄 수 있게 하는 데도 큰 도움이 되었다. 매케인은 코미디쇼 〈새터데이 나이트 라이브〉에 출연해 대중에게 큰 인기를 얻게 되었다.

간호사이자 유머리스트인 패티 우튼과 심리학자 에드 던켈블로는 9.11 이후 미국이 희망과 회복탄력성을 되찾는 데 유머가 어떻게 도움이 됐는지에 관한 책을 썼다.

9.11은 쉽사리 치유될 수 없는 국가적 비극이었기 때문에 미국은 오랫동안 비탄에 젖어 있었다. 이후 코미디언들은 무대와 스크린으로 복귀한 뒤에도 매우 조심스러워했다. 그리고 9.11 이전의 뉴스 헤드라인들을 갑자기 개그 소재로 삼기 시작했다. 그들은 "웨스트 나일 바이러스(뇌에 치명적인 손상을 입히는 뇌염의 일종. 1938년 우간다의 웨스트 나일 지역에서 처음 발견되었기 때문에 붙여진 이름이다)가 퍼지던 때가 좋았죠?. 기억나시나요?" 같은 말을 주로 오프닝 멘트로 사용했다. 그리고 시간이 흐름에 따라 코미디언들을 점차 농담을 다시 하기 시작했다. 9.11 자체에 대해서가 아니라 9.11에 대한 미국의 반응에 대해서였다. 한

코미디언은 이런 농담을 하기도 했다.

"부시 대통령이 소비 지출을 회복해야 한다고 말했을 때 나는 헐레벌떡 쇼핑을 하러 달려갔어요. 그렇게 하지 않으면 그들이 또 이길 테니까요."[2]

하루에 농담 한마디씩 한다고 해서 모든 병을 확실하게 예방할 수 있는 것은 아니다. 그러나 기분은 확실히 나아진다. 매일 농담 하나를 누군가에게 얘기해줘 보라. 무언가가 확실히 달라짐을 느낄 수 있을 것이다.

토론토 대학의 샴미 박사와 스터스 박사는 이마 이래에 있는 우뇌의 전두엽에 손상을 입은 사람들을 연구했다. 샴미 박사와 스터스 박사는 이들이 유머에 대처하는 능력이 다른 사람들에 비해 더 떨어진다는 사실을 발견했다. 유머를 들었을 때 이들은 다른 사람들에 비해 더 적게 미소를 짓거나 웃음을 터뜨렸다. 하지만 뇌가 '정상'인 사람들 사이에서도 어떤 사람들은 다른 사람들에 비해 더 유머에 민감하고 더 잘 웃는다.

나는 명상, 요가, 노래를 통해 오랜 시간에 걸쳐 우뇌를 훈련한 결과 더 자발적이고 놀이를 좋아하는 사람이 되었고 유머와 코미디에 더 민감하게 반응하게 되었다.

　내가 아는 사람 중에서 유머에서 으뜸인 사람은 내 친구이자 동료인 로레타 라로슈인데, 나는 그녀를 스트레스 폭탄 제거 전문가라고 부른다. 로레타는 PBS 방송 특집 프로들의 대본을 쓰고 직접 주연을 맡았으며, ≪마음을 가볍게lighten up! And relax - you may only have a few minutes left≫를 비롯한 많은 재치 있고 재미있는 책을 저술했다. 그녀의 작품에 대해 더 알고 싶다면 그녀의 홈페이지 www.lorettalaroche.com을 방문해보기 바란다. 분명 기분이 좋아질 것이다.

　임시변통하고, 통합하고, 의미를 찾고, 공감하고, 웃고, 놀 수 있는 고도로 발달된 능력은 모두 우뇌와 관련 있는 회복탄력성의 속성이다.

어느 신경과학자의 신비로운 우뇌 탐험 ᴵᴵᴵᴵ|ᴵ|ᴵᴵᴵᴵ

　좌뇌 위주의 사고에서 벗어나 우뇌로 접근하기 시작하면 회복탄력성이 다양한 방식으로 향상된다. 웃음을 통해 새로운 시각을 가지게 되고, 사랑으로 나를 지탱해주는 사람들의 욕구와 감정에 동조할 수 있게 된다. 또 자발적으로 잘 놀 수 있게 되고, 생각을 차분히 함으로써 긴장을 풀 수 있게 된다. 그리고 주의력이 깊어지고 임기응변 능력이 향상된다. 무엇보다 인생의 의미와 목적을 더 깊이 깨닫게 된다.

하버드 대학의 젊은 신경과학자인 질 볼트 테일러 박사는 심각한 뇌졸중 발작을 겪은 적이 있었는데 이로 인해 좌뇌가 일시적으로 기능을 잃게 되었다. 그런데 그녀의 말에 따르면, 이 발작 덕분에 뇌의 오른쪽으로 들어가 볼 수 있는 기회를 얻게 되었다고 한다. 이 당시에 그녀가 우뇌를 통해 겪었던 '의미와 목적'의 놀라운 경험은 그녀의 베스트셀러 ≪긍정의 뇌my stroke of lnsight≫와 웹사이트 www.TED.com에 올라와 있는 인기 동영상이기도 하다.(이 사이트는 다양한 주제에 관한 약 20분 정도 길이의 짧은 동영상들을 제공한다. 각 분야의 저명한 인사와 괄목할 만한 업적을 이룬 사람들이 세상에 대한 자신들의 매력적인 아이디어를 공유한다. 널리 퍼져야 할 '아이디어'가 이들의 모토다.)

질 볼트 테일러 박사가 37세 때, 하버드 대학에서 신경해부학자로 근무하고 있을 때였다. 어느 날 아침 일을 시작할 준비를 하고 있을 때에 그녀 뇌의 왼편에 있는 혈관이 찢어졌다. 스스로가 신경과학자이기 때문에 그녀는 자신의 좌반구가 점점 기능을 잃어갈 때 무슨 일이 벌어지고 있는 것인지 관찰할 수 있었다. 그 당시 그녀에게는 두 가지 일이 번갈아 가며 발생했다. 즉 그녀는 좌뇌와 우뇌 각각을 개별적으로 의식할 수 있었던 것이다.

우뇌 상태에서 그녀는 자신이 '니르바나'(nirvana 열반, 해탈, 모든 것에 친밀하게 연결되어 있다는 느낌, 형언하기 힘든 깊은 평화의 느낌, 자비로 가득한 광대한 의식세계와 연결되어 있다는 느낌)라고 불렸던 어떤 상태를 경험하며 행복감에 도취 되었다. 그런 후 합리적인 좌뇌가 잠시 제 기능을 찾았을 때 그녀는 자신에게 도움이 필요하다는 사실을 깨달았다.

하지만 적절한 도움을 구하기가 매우 힘들었다. 우리를 외부 세계와 연결해 주는 것은 좌뇌이기 때문에 볼트 테일러 박사는 말을 할 수도 심지어 걸을 수도 없었다. 하지만 결국 그녀는 누군가에게 발견되었고 병원으로 이송되었다. 그녀가 완전히 회복하는 데는 8년이라는 시간이 걸렸다. 오프라 윈프리와 나눈 인터뷰에서 볼트 테일러 박사는 지금도 마음만 먹으면 자유자재로 니르바나의 상태로 다시 돌아갈 수 있다고 말했다. "우뇌의 평화 회로를 가동하는 법"을 연습한다면 누구나 이를 경험할 수 있다고 그녀는 말한다.

다음 부분에서는 스트레스로 신경쇠약 직전에 이르렀던 가련한 20대 대학원생이 어떻게 요가와 명상수련을 통해 테일러 박사가 말한 '이것'을 경험할 수 있게 되었는지에 대해 이야기할 것이다.

우뇌의 평화 회로를 가동하는 방법

나는 1960년대부터 요가와 명상에 대해 개인적으로 관심을 가지기 시작했다. 하버드 의과대학의 대학원생이었던 나는 끝없는 경쟁에 새파랗게 질려 있었다. 새벽 늦게까지 공부한 후 잠을 거의 자지 못하는 날이 끝임없이 이어졌다. 편두통, 복통, 면역 장애, 만성 기관지염, 고혈압, 불안 등 온갖 육체적·정신적 질병으로 나는 말 그대로 만신창이가 되어 가고 있었다.

몇몇 친구들은 나를 '심신증(psychosomatic 심리적 스트레스가 계기가 되어 일어나는 신체 질환, 정신신체증이라고도 하며 정신신체의학의 대상이 되는 질환의 하나다) 샐리'라고 부르기도 했다.

그러던 어느 날 생리학 실험실 파트너인 제리가 어떻게 하면 우뇌의 평화 회로를 가동할 수 있는지에 대해 가르쳐주었다. 제리는 해부하고 있던 바닷가재 집게발에서 눈을 뗀 후 고개를 들면서 내가 매우 강한 정신을 가지고 있다고 말했다. 내가 막 칭찬을 기분 좋게 만끽하려 할 때 제리가 찬물을 끼얹었다. 스트레스와 관련된 내 모든 질병 또한 내 강한 정신에서 기인한다는 것이었다.

'음, 흥미로운 이론인데.'
나는 더 자세히 들어보기 위해 메스를 내려놓았다.

제리는 이렇게 말했다.

"너는 정신적 이미지를 매우 생생하게 만들어내기 때문에 마음속에서 재생되는 영화와 진짜 현실을 혼동하고 있는 거야. 몸은 실제로 일어나는 일과 상상하는 일 사이의 차이점을 구분하지 못하기 때문에 판타지가 현실인 것처럼 반응하는 거지. 넌 마음을 차분히 하고 현실 감각을 되찾을 필요가 있어."

제리는 어린 시절부터 무술을 배워왔다. 그는 모든 종류의 무술은 생각으로 가득한 마음을 가라앉히고 몸에 새겨진 직관적 지혜에 자기를 내맡긴다는 점에서 명상과 비슷하다고 했다. 직관적 지혜에 자기를 맡긴 채 상대방으로부터 비언어적 수준의 희미한 신호를 감지하면서 자연스럽고 우아하게 움직이는 것이 바로 무술이라는 것이다. 제리는 요가도 배웠는데 자신 있게 말하기를 요가도 무술처럼 같은 종류의 정신적 기술을 훈련시킨다고 했다. 나는 이 말을 듣고 얼른 요가 코스에 등록했다.

처음에는 무척 어려웠다. 자세 자체가 생소했기 때문이기도 하고 제대로 배우려면 완벽하게 몸이 유연해져야 한다고 생각했기 때문이기도 했다. 내 옆자리에는 발은 물론이고 무릎에도 손이 닿을까 말까 한 할머니가 늘 앉았는데, 나는 몇 개월이 지나서야 이 할머니가 대단한 요가 수행자라는 사실을 알게 되었다. 그녀는 요가를 성공적으로 수행하는 것은 얼마나 알아채고 있느냐의 인식awareness의 문제라는 사실을 잘 알고 있었다.

한 동작을 취할 때마다 깨어있는 마음으로 부드럽게 이완하면서 몸 안의 느낌과 호흡의 흐름에 면밀한 주의를 기울이는 것이다. 그러므로 휠체어를 타고 있는 사람도 훌륭한 요가 수행자가 될 수 있다.

나는 점차 이완하는 법과 몸 안에 숨겨진 생명력을 느끼는 법을 배웠다. 일단 이 에너지를 느끼고 나면 볼트 테일러 박사가 한 경험에 대해 묘사한 바를 이해할 수 있게 된다.

만물 안에 내재하는 에너지장(場)에 접근할 수 있게 되면, 무술 훈련을 할 때 상대방의 에너지를 감지하고 그가 어떻게 움직일 것인지 알게 된다.

또 일상생활에서 다른 사람들의 기분을 쉽게 알아차릴 수 있게 된다. 상사가 거짓말을 하고 있는지 진실을 말하고 있는 건지, 이웃이 안전한 사람인지 위험한 사람인지 알아차릴 수 있게 된다. 그리고 직관이라 알려져 있는 여러 우뇌의 기술들을 이용할 수 있게 된다.

주의력과 에너지에 이러한 미묘한 변동이 생긴 것을 느끼기 시작한 후 얼마 지나지 않았을 때였다. 요가 수업이 끝날 때쯤 사바사나 자세(송장 자세)를 취하고 있었는데 갑자기 번쩍하는 순간을 경험했다. 나는 아마득하고, 형언할 수 없을 정도로 경이로운 평화의 순간을 느꼈고 마음이 충만해짐을 느꼈다.

'와 이게 사람들이 말하는 이완이라는 거구나.'

에피파니(그리스어로 귀한 것이 나타났다는 뜻. 신의 출현, 어떤 사물이나 본질, 진리에 대한 직관적 깨달음을 뜻함)의 순간이었다.

'이완'은 긴장을 푼다는 뜻으로 흔히 사용된다. 거품 목욕을 하거나, 마사지를 받거나, 외식하러 나가 영화를 한 편 보는 것과 같은 일에 흔히 쓰인다. 긴장을 푸는 것이 몸과 마음의 휴식을 취하는 데 도움이 되는 것은 사실이지만, 그보다 더 '깊은 이완'은 의식이 확장되는 우뇌 상태에서 이루어진다. 즉 순간의 즐거움에 완전히 몰입하는 것이다. 부두에 잘 묶어져 있는 배가 흔들리기만 할 뿐 표류하지 않는 것처럼 현재에 확고하고 유연하게 뿌리를 내리고 있으면 과거와 미래에 집착할 필요가 없어진다. 저항할 대상도 욕망할 대상도 사라진다. 모든 것에 완전히 만족하고 스스로에게 편안함을 느끼게 된다.

평화로운 마음 만들기 – '알아차림'[3]

우리는 하루의 대부분의 시간 동안 내면의 평화를 느끼지 못한다. 마음은 지금 여기에 머무르지 않고 여기저기를 헤맨다.

우리는 훌륭한 음식을 먹을 때 요리사가 정성으로 만들어낸 오묘한 풍미와 식감을 제대로 음미하려 하기보다 빨리 먹는 것에 집중할 때가 더 많다. 언덕 위로 떠오르는 보름달이 그림 같은 풍경을 지어내는 순간에도 우리는 그 초월적 아름다움을 깊이 음미하려고 하지 않는다. 연인의 손가락이 팔 위에서 부드럽게 움직일 때에도 다른 생각에 빠져 있느라 그 순간을 즐기지 못한다. 그리고 그 순간은 영원히 지나가 버린다. 오늘날 이와 같은 '삶으로부터의 무신경한 단절'의 만연함은 천성적으로 주위와 소통하도록 되어 있는 우리 인간에게 엄청난 스트레스를 야기한다.

동료 학자인 존 카밧-진 박사는 1970년대 후반에 '알아차림(mindfulness, 팔리어 sati의 영어 번역어로 '알아차림', '마음 챙김', '깨어있는 마음' 등으로 표현한다. 우리 책에서 mindfulness는 알아차림'으로, mindfulness meditation은 '마음 챙김 명상'으로 옮겼다)'이라는 개념을 최초로 의학계에 소개했다.

존 카밧-진 박사는 메사추세츠 의과대학 명예교수이며 스트레스 관리 클리닉과 '의학, 의료, 사회에서의 알아차림을 위한 센터'의 설립자이기도 하다. 만약 알아차림을 이용해 스트레스를 줄이고 인생을 즐길 수 있는 법에 대해 더 알고 싶다면 그의 베스트셀러 ≪완전히 불행한 삶 : 몸과 마음의 지혜를 이용해 스트레스, 고통, 질병에 맞서기 full catastrophe living; using th wisdom of your body and mind to face stress, pain, and illness≫를 한번 읽어보기 바란다.

알아차림이 구체적으로 무엇을 말하는지 조금이나마 맛보고 싶다면 아래에서 말하는 방법대로 한번 해보기 바란다. 나는 몇 가지 단순한 질문을 할 것이다. 당신이 할 일은 그저 그 답들을 생각해보는 것이다.

몇 번 숨을 깊이 들이마시고 내쉬면서 몸과 마음을 편안히 하라. 심호흡을 계속하면서 숨을 편안하게 내쉬는 일에 집중하라. 그리고 다음 질문들에 답하라.

┃ 책을 읽고 있는 방이 따뜻한가, 아니면 추운가?
　실내 온도에 대해 알아차려 보라.
┃ 불빛은 어떠한가? 눈이 편안한가, 그렇지 않은가?
┃ 조용한가, 아니면 주위에서 어떤 소리가 들리는가?
┃ 당신이 앉아있는 곳 표면은 어떤 느낌이 나는가?
┃ 발에 있는 에너지에 대해 무엇을 알아차릴 수 있는가?
┃ 목과 어깨 상태는 어떠한가?
┃ 잠시 휴식이나 스트레칭이 필요한가?
┃ 당신의 몸은 당신에게 무엇이라고 말하고 있는가?

'알아차림'은 당신을 현재로 데려다주는 편안하면서도 호기심 가득한 자각 상태를 말한다. 이 상태는 우뇌가 지배하는 때이며, 이때 당신은 평화를 찾을 수 있고 스트레스로부터 해방될 수 있다.

명상- 몸과 마음을 회복시키는 방법 ⑊⑊⑊

내가 요가를 통해 알아차림에 대해 한창 배우고 있을 즈음,

허번트 벤슨 박사는 내가 가지고 있던 스트레스에 관련된 장애들이 왜 몇 달간의 요가 수련 후에 말끔히 사라졌는지를 설명할 수 있는 놀라운 과학적 발견을 하였다. 마음을 고요하게 만들면 몸은 가능한 선에서 자동으로 스스로 치유하고 회복하기 시작한다. 갑자기 멈춰버린 컴퓨터의 리부팅 버튼을 누르는 것과 비슷하다.

허버튼 벤슨 박사와 공동 연구가 키스 윌리스 박사는 이러한 회복 상태를 '이완 반응relaxation responese'이라 명명했다. 그리고 벤슨 박사는 '집중 명상'을 통해 이러한 회복 상태를 이끌어낼 수 있는 단순한 방법을 대중화시켰다.

이론상 집중 명상의 방법은 간단하다. 일단 머리부터 발끝까지 몸 전체를 이완시킨다. 그리고 호흡에 집중한다. 숨을 내쉴 때마다 자신이 선택한 한 단어나 한 구절을 반복한다. (벤슨 박사는 하나one'라는 단어를 사용했다.)

다른 생각들이 마음속에 들어오면 그냥 무시한다. 벤슨 박사가 조언하듯이 "뭐, 괜찮아."라고 가볍게 말한 후 다시 숨을 내쉬며 선택한 단어를 반복하면 된다.

대부분의 사람들이 그렇지만 마음이라는 것은 갑자기 셔터를 내리고 손님을 거부하는 경우가 거의 없다. 끊임없이 무언가에 대해 생각하는 것은 마음의 본성이다.

명상 스승 소걀 린포체는 생각의 파도를 바다의 파도에 빗대어 말한다. 어떠한 방법으로든 바다가 계속해서 오르락내리락하며 파도를 만들어내는 것은 막을 수는 없다. 명상의 목표는 생각의 파도를 잡아타고 해변에 무사히 도착하는 게 아니라 '파도가 높아지면 높아지게 내버려 두는 것'이다. 대신 '생각은 생각일 뿐이라는 사실'을 알아차리고 호흡을 계속하며 선택 단어를 반복하면 된다.

명상은 정신적 무술이나 마찬가지다. 알아차리고 놓아주고 하는 과정을 통해 마음의 근육을 점차 강화할수록 자신의 마음 상태를 선택할 수 있는 능력이 연마된다. 마음이 나를 지배하도록 내버려 두는 대신 내가 마음을 지배할 수 있게 된다. 또한 명상은 일상적인 강박적이고 부정적인 사고에서 쉽게 벗어날 수 있게 해준다.

어떠한 단어나 구절을 사용해도 좋지만, 종교가 있는 사람들은 짧은 기도문이 명상에 의미를 더해주고 동기부여에 도움이 된다고 많이들 말한다. 정말로 스트레스에 질식할 것 같은 때면 나는 세상에서 가장 인기 있는 기도문을 되뇌인다.

'신이여, 도와주소서!"

많은 사람들이 제대로 된 명상법을 배우고 싶어하기 때문에 난 명상법에 대한 몇몇 가이드를 만들었다.

책으로는 ≪이완과 스트레스 경감을 위한 명상 : 자기 치유와 내명의 힘을 위한 명상 meditations for relaxation and tress reduction : meditation for self-healing and inner power≫과 ≪스트레스 줄이기 : 혼돈의 시대 속 회복탄력성을 위한 명상법 stress less: meditations for developing resilience in turbulent times ≫이 있다. 뒤의 책은 이 책을 보완하는 개념이다.

Chapter 6

명상으로 내면의

평화 회로를 가동하라

"우리는 운동, 다이어트, 휴식을 통해
몸을 훈련하는 것이 좋은 생각이라는 데 이견이 없는 것 같다.
그렇다면 왜 마음을 훈련하는 것에 대해서는 생각조차 해보지 않는가?"
– 사콩 미팜 린포체

2008년에 경제가 암흑으로 변하고 두려움과 공포가 미국 전역에 독가스처럼 퍼져 지쳐가고 있었을 때, 의사이자 CNN 건강 담당 수석기자인 산자이 굽타 박사는 스트레스에 지친 시청자들에게 '자비 명상'compassion meditation, 자애 명상을 통해 심신을 안정시킬 것을 권했다.

2008년에 발표된 두 연구가 굽타 박사를 이 오래된 명상수련에 눈뜨게 만들었다. 애틀랜타에 있는 에모리 대학에서 실시한 첫 번째 연구는 17~19세 학생 60명을 대상으로 명상을 하는 그룹과 건강에 대해 토론을 하는 그룹으로 나누어 했던 실험이었다.

결과는 경이로웠다. 명상하는 그룹에 속한 학생들 중 주어진 과제를 제대로 한 학생들은 명상을 덜 자주 한 학생들에 비해 스트레스 상황에 더 적은 반응을 보였다. 또 그들은 신체 부위에 염증이 덜 생기기도 했다. 염증은 당뇨, 심장병, 암, 관절염, 알츠하이머병, 골다공증, 인지력 저하, 노쇠 등을 포함한 모든 퇴행성 질병 그리고 우울증과도 관련되어 있기에 이 실험 결과가 시사하는 바는 매우 컸다.

두 번째 연구는 위스콘신 대학에 재직 중인 신경과학자 리처드 데이비드슨과 안토인 루츠에 의해 실시됐는데, 오랜 기간 자비 명상을 수련해온 사람들(16명의 티베트 불교 승려들)과 명상을 처음 배운 16명의 사람이 연구 대상이었다. 기능성 자기공명영상fMRI을 이용해 뇌의 활성을 관찰한 결과 데이비드슨 박사와 루츠 박사는 처음 배우는 16명과 숙련된 명상 수련자들의 뇌 사이에 엄청난 차이가 존재한다는 사실을 발견했다.

자비 명상은 스트레스를 경감시키고, 다른 사람에게 공감

할 수 있는 능력을 증대시키고, 행복도를 높여준다. 외적 욕구를 만족시키는 데서 오는 행복감은 빨리 사라지기 때문에 이는 매우 흥미로운 발견이라 할 수 있다.(예를 들어 거액의 복권에 당첨된 사람들의 행복감은 몇 달이 지나면 복권에 당첨되기 이전과 거의 비슷해진다. 일부 사람들은 심지어 더 스트레스를 많이 받기도 하는데 돈이 많다는 것은 인생을 복잡하게 만들기 때문이다. 특히 주위 사람들이 뭔가를 바라기 시작할 때 더욱 그러하다.)

오랫동안 명상을 수련한 고승들(그들 대부분은 매우 단순하게 삶을 산다.) 뇌의 좌측 전두엽left prefrontal lobe에 변화가 생기는데 이 변화는 행복감을 높은 수준으로 끌어올려 준다.

이러한 사람들은 항상 웃고 있기에 옆에만 있어도 다른 사람들을 기분이 좋아지게 만든다. 이들은 친절과 만족이 몸에 베여있고 주위 사람들까지 그렇게 만든다. 행복은 내면으로부터 온다는 사실을 온몸으로 보여주는 살아있는 증거라 할 수 있을 것이다. 삶의 기본적 필요를 만족시켜줄 수 있는 의식주가 충분히 확보되어 있다면 물질적 소유는 행복에 거의 영향을 미치지 않는다고 연구는 말해주고 있다.

다른 사람들의 얼굴에서 감정을 읽고 그들의 감정이 어떤지 알아차리는 데는 우뇌 구조의 변화가 필수적인데, 자비 명상을 수련하는 사람들은 우뇌의 구조가 변화한다. 그 결과 자비 명상을 수련하는 사람들은 더 민감하고, 직관적이고, 정서적으로 뛰어나게 된다.

이와 관련된 개념인 정서 지능(emotional intelligence : 자기 자신의 감정과 다른 사람들의 감정을 식별하고, 평가하고 조절할 수 있는 능력)은 현재 심리학, 경영, 교육 분야에서 활발히 연구되고 있다.

정서 지능은 미국의 심리학자이자 저널리스트인 대니얼 골먼 박사가 동명의 베스트셀러를 통해 대중화시킨 개념인데 리더십, 일, 양육, 학습, 창의력, 우정, 파트너 관계 등 인생의 모든 영역에서의 성공과 밀접하게 연관되어 있다. 루츠 박사는 타인에 대한 연민을 가질 수 있는 능력은 사고와 감정을 조절할 수 있는 능력을 포함하고 있고, 이 능력은 우울증에 취약한 사람들이 우울증을 예방하는 데도 유용하다고 말한다.

자비 명상에 대한 위의 두 연구 다, 명상은 오직 꾸준히 할 때만 효과를 발휘한다는 점을 강조한다. 스스로 다짐을 굳건히 할 때만 뇌와 건강 상태에 변화를 일으킬 수 있다.

시작하는 방법은 다음과 같다. 우선 다음에 나오는 대본을 몇 번 읽어보고 가끔 씩 중간에 멈춰 대본에서 제안하는 몇 가지 방법들을 주의 깊게 실행해보기 바란다. 완벽하게 할 수 없다 하더라도 걱정하지 않아도 좋다. 오직 자신이 할 수 있는 것을 하고 정서 지능을 이용해 자기 자신과 다른 사람들을 위해 진심을 다해 기도해보기 바란다. 명상을 끝냈다면 다시 한번 전체를 음미해보기 바란다. 몇 번 해보고 나면 어떻게 하면 되는지 감을 잡을 수 있을 것이다. 대본을 읽어서 녹음해 놓고 명상할 때 틀어놓는 것도 좋은 방법이다.

자비 명상의 8단계 ⅰ|ⅰ|||ⅰ|ⅰ

1. 눈을 지그시 감고 앞으로 어떤 일을 경험하게 될 것인지 호기심을 가져보라.

이제 어깻죽지와 함께 어깨를 뒤로 돌린 후, 마치 등에 날개 한 쌍을 접어놓은 것 같은 느낌으로 어깻죽지를 등 아래쪽으로 축 늘어뜨리라. 이 동작은 가슴을 활짝 펴게 해주고, 깊고 자연스럽게 호흡할 수 있도록 도와준다. 다리를 꼬지 말고 편안하게 앉은 채 허벅지 양쪽에 두 손을 가볍게 올려 놓든지 아니면 두 손을 다리 사이에 모으라 머리와 상체와 하체를 편안히 하라.

2. 머리에 주의를 기울이라.

부드럽고 편안하게 뇌 속으로 숨을 들이쉬고 있다고 상상 해보라. 숨은 눈, 귀, 콧구멍, 턱, 혀, 목을 편안하게 해준다. 이제 가슴 안 정중앙으로 숨을 들이쉬고 있다고 상상해보라. 숨이 심장을 마사지하고 열어준다. 그 편안함을 밖으로 내쉬 라. 가슴 근육이 편안함을 '내 보낼'때 이완의 물결이 어깨, 팔, 손, 손가락을 거쳐 퍼져나가는 것을 느껴보라. 이제 복부 속 싶은 곳에 있는 단전 안으로 숨을 불어넣을 수 있다고 상 상해보라. 단전에서 우리는 내면의 힘과 자신감을 느낀다. 그 힘이 자연스럽게 흘러 하체까지 향하게 하라. 허벅지, 다 리 그리고 발까지 향하게 하라.

가슴으로 돌아오라. 모든 들이마시는 숨은 심장을 마사지 하고 이완시킨다. 그 편안함을 밖으로 내쉬고 다음 글을 조용히 되뇌어보라. 이 첫 문장은 자기 자신을 위한 것이고, 다음부터는 다른 사람들을 위한 것이다.

- 내가 자애심으로 가득할 수 있기를
- 내가 잘 지내기를
- 내가 평화롭고 평안하기를
- 내가 행복하기를

3. 이제 당신이 깊이 아끼는 한 명 혹은 그 이상의 사람들을 마음속에 떠올려보라.

그들의 이미지를 또렷하게 그리고 가능한 한 자세히 떠올려보라. 가슴속으로 숨을 들이쉬고 다음 글을 반복하면서 느껴지는 편안함과 자애심을 그들을 향해 내쉬라.

- 당신이 자애심으로 가득할 수 있기를
- 당신이 잘 지내기를
- 당신이 평화롭고 평안하기를
- 당신이 행복하기를

4. 당신이 요즘 뭔가 어긋나 있다고 느끼는 사람을 마음

에 떠올려보라.

일단 쉬운 사례부터 시작해보라. 당신이 좋아하고 그 사람도 당신을 좋아하는 그런 사람에 대해 생각해보라. 이 명상 형식에 익숙해진다면 나중에는 더 어려운 사람을 선택할 수도 있을 것이다. 가슴속으로 숨을 들이쉬고 다음 글을 반복하면서 느껴지는 편안함과 자애심을 그들을 향해 내쉬라.

● 당신이 자애심으로 가득할 수 있기를
● 당신이 잘 지내기를
● 당신이 평화롭고 평안하기를
● 당신이 행복하기를

5. 이제 자신이 살고 있는 나라와 그 안에서 함께 살아가고 있는 다양한 사람들에 대해 마음에 떠올려보라.

가난한 사람들/부유한 사람들, 건강한 사람들/아픈 사람들, 젊은 사람들/나이든 사람들……인종, 연령, 종교, 계층적 배경을 초월해 모든 사람들에 대해 생각해보라

● 당신이 자애심으로 가득할 수 있기를
● 당신이 잘 지내기를

● 당신이 평화롭고 평안하기를

● 당신이 행복하기를

6. 마지막으로 우주에서 바라본 지구의 모습을 그려보라.

별들이 박혀 있는 광활한 우주 속에서 자전하고 있는 푸르고 흰 아름다운 구체를 그려보라. 광활한 대양, 만년설이 쌓여 있는 산맥, 초록이 물결치는 초원, 끝없이 펼쳐져 있는 사막을 상상해보라. 모든 동물을 마음에 떠올려보라. 날아다니는 동물, 기어 다니는 동물, 헤엄쳐 다니는 동물, 걸어 다니는 동물 모두를 떠올려보라. 모든 나라, 모든 종족, 모든 인종, 모든 종교의 사람들에 대해 상상해보라. 가슴속으로 숨을 들이쉬고 다음 글을 반복하면서 느껴지는 편안함과 자애심을 모두를 향해 내쉬라.

● 당신이 자애심으로 가득할 수 있기를

● 당신이 잘 지내기를

● 당신이 평화롭고 평안하기를

● 당신이 행복하기를

7. 가슴 안으로 호흡하기를 계속하라.

연습을 계속하다 보면 모든 존재에 대한 연민이 생기고 자신이 자신보다 훨씬 더 큰 신비의 일부분에 불과하다는 사실을 깨달을 것이다.

8. 마음의 준비가 끝나면 원래의 상태로 돌아와 눈을 뜨라.

열린 가슴과 마음으로 재충전된 하루를 보낼 준비가 되었다고 느낄 때까지 계속 앉아 있으라.

성공적인 명상수련을 위한 조언

1. 수련을 위해 매일 같은 장소와 같은 시간대를 이용하라.

오직 명상을 위해 그 장소를 비워두도록 노력하라. 만약 TV 앞 소파에 앉아 있다면 뭔가를 능동적으로 '하는' 모드에서 벗어나 자연스럽게 수동적이고 수용적인 상태로 들어가게 된다. 만약 사무실 의자에 앉아있다면 일 모드로 들어간다. 명상 의자(혹은 바닥에 있는 쿠션)에 앉아있다면 우뇌 평화 프로그램을 작동시키도록 신경 시스템이 바뀐다.

2. 명상을 배우는 데 연습이 필요하다는 사실을 기억하라.

스포츠를 잘하거나 악기를 잘 다루려면 많은 연습이 필요한 것과 마찬가지다. 처음 시작할 때는 주의가 흩어지기 쉽고 많은 생각이 한꺼번에 떠오를 것이다. 당연하다. 이럴 때마다 다시 명상에 초점을 맞추도록 노력하고 어떠한 생각에 빠지든 끊임없이 자신을 일으켜 세우라.

3. 매주 명상을 위한 하루를 정해두라.

그러나 이날 외의 6일 동안에도 계속해서 연습할 수 있도록 최선을 다하라. 연습을 많이 할수록 더 좋은 결과를 얻을 수 있을 것이다.

4. 다른 가족들이 당신을 방해하지 않도록 하라.

아이들이 어렸을 때 나는 명상을 위한 아주 단순한 규칙을 만들었다. 불이 나거나 피가 나거나 다른 심각한 긴급상황이 벌어지지 않은 이상 명상을 방해해서는 안 된다는 규칙이었다.

5. 애완동물들은 명상 에너지를 좋아한다.

애완동물이 옆에 엎드려서 조용하게 있을 수 있다면 아무 문제가 없다. 하지만 만약 강아지가 무릎 위로 뛰어오르거나 한다면 방해를 최소화하기 위해 방 밖으로 잠시 내보내는 것이 좋다.

6. 인내심을 가지라.

명상을 시작한 후 처음 몇 주 동안은 마음이 심란해지기만 할 수 있다. 하지만 자신이 잡념을 버리고 자각을 높이면서 정신 근육을 강화하고 있다는 사실을 절대 잊지 말기 바란다. 다른 생각으로 빠져있는 자신을 붙잡아 다시 명상을 시작할 때마다 당신은 새로운 뇌 회로를 구축하고 있는 것이다. 이 새로운 뇌 회로는 일상생활 안에서 쌓았던 비생산적인 생각을 버릴 수 있도록 도와줄 것이다.

일상에서 명상하기 ·ılıılıı·

정자세로 앉아서 명상하는 법을 배우는 것도 매우 중요하지만, 하루의 일과 속에서 일상적으로 명상할 수도 있다.

벤슨 박사는 운동과 기도와 명상을 동시에 했던 가톨릭 신부에 대해 이야기한 적이 있다. 이 신부는 조깅을 하는 동안 자신의 호흡과 발소리의 리듬에 맞춰 '키리에 엘레이손 kyrie eleison. 주여 우리를 불쌍히 여기소서' 이라는 어구를 반복함으로써 집중 명상을 수행했다.

'알아차림'은 식사와 같은 일상적 활동을 더 즐거운 행위로 만들어주는 수련법이다. 예를 들어 존 카밧-진 박사는 '건포도 수련법'에 대해서 소개한다.

1. 우선 건포도 하나를 입안에 넣고 잠시 그대로 있으라. 혀 위에서 건포도를 굴려보라.
2. 건포도의 질감과 입에 고이는 침을 느껴보라. 맛을 느낄 수 있도록 건포도를 깨물고 오랫동안 천천히 씹으라.
3. 이와 혀와 목구멍이 건포도를 몸 안으로 들여보내기 위해 서로 협력하는 방식에 관심을 기울여보라.
4. 마지막으로 삼킬 때 어떤 느낌이 나는지 알아차려 보라.

이 방법은 5분 정도밖에 걸리지 않지만, 진정으로 알아차린다는 것이 어떠한 것인지 알 수 있게 해주고 평소 서두르

느라 잘 의식하지 못했던 과정에 대해 자각하게 해준다.

베트남 승려이자 명상 지도자인 틱낫한이 쓴 실용적인 책 ≪거기서 그것과 하나 되시게the miracles of mindfulness≫ 또한 읽어보면 좋은 책이다. 이 책은 먹고, 샤워하고, 설거지하는 등의 일상생활에 알아차림의 수련법을 접목할 수 있는 방법에 대해 훌륭하게 조언하고 있다. 알아차림은 인생에 기쁨과 즐거움을 가져다준다. 마치 조각 케이크를 먹기 전에 그 위의 플라스틱 뚜껑을 벗기는 것과 비슷한 느낌이다. 아니 훨씬 더 만족스러운 경험이다!

인생을 더 만족스럽게 만들 수 있는 또 하나의 방법은 몸을 움직임으로써 온통 자기 자신과 근심거리에만 쏠린 관심을 다른 곳으로 이동시키는 것이다. 몸을 움직이면 뇌의 상태가 매우 빠르고 효과적으로 변한다. 운동은 새로운 뇌세포를 생성하고, 기분을 전환시키고, 스트레스 내성과 회복탄력성을 강화해주는 기적의 약이다. 다음 장에서 이에 대해 자세히 살펴보도록 하자.

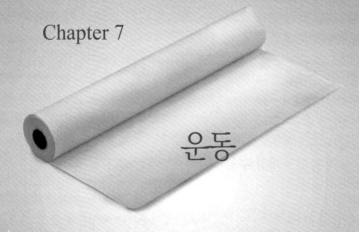

Chapter 7

운동

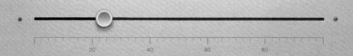

"성급하게 결론으로 뛰어들고
공과금의 무게를 견뎌내며
진실을 피하고 뒤로 뒷걸음질치고
직장에서 버티고 책임에서 한 발짝 비켜나고
행운을 뻥 차버리는 것이
자기가 하는 운동의 전부인 사람들이 너무나 많다."
– 익명–

　내가 좋아하는 만화 중 하나에는 정신 분석가 앞의 소파에 누워 있는 다람쥐가 나온다. 다람쥐는 말한다.

　"무엇을 먹느냐가 그 사람을 말해준다는 사실을 배우고 나니 이제 제가 바보(nut)라는 사실을 알겠어요"

　정신을 아무리 열심히 수련하더라도 일단 우리는 움직이며 살아가도록 만들어져 있는 동물이다. 이 사실을 잊지 않는다면 가만히 앉아 빈둥대는 일이 우리를 바보로 만들 것이라는 사실이 명백해진다.

스트레스를 적절히 해소하지 못하면 뇌의 화학반응이 균형을 잃게 되고 기분은 점점 더 부정적으로 변한다. 즉 우울하고, 불안하고, 공격적으로 변하게 된다. 사고방식을 개선하고 이미 배운 기술들을 강화할 수 있는 가장 효과적인 방법은 지금 바로 의자에서 엉덩이를 떼는 것이다.

프로그램에 등록하라. 규칙적인 에어로빅, 운동은 뇌가 계속해서 새로운 뉴런을 생성하고 변화에 적응할 수 있도록 해준다. 당신은 매주 일주일에 다섯 번, 하루 30분 정도의 적당한 운동을 하고 있는가? 만약 하고 있지 않다면 어떤 이유인가?

우리는 운동을 하는 것이 좋다는 사실을 잘 알고 있다. 운동은 신진대사를 활성화시키고 체중을 조절해줄 뿐만 아니라 심장병, 암, 골다공증, 다른 다양한 질병에 걸릴 위험을 감소시켜 인간의 수명을 크게 연장시킨다.

이번 장에서 우리는 운동이 뇌의 기분 상태에 어떤 식으로 영향을 미치는지에 대해 살펴볼 것이다. 규칙적인 에어로빅 운동은 새로운 뉴런을 생성하고 뇌 회로를 재구성함으로써 뇌가 계속해서 성장하고 변화에 적응할 수 있게 해준다.

'재구성'은 육체적 회복탄력성에 의존하고 있고 육체적 회복탄력성이 없이는 정신적 회복탄력성이 제 기능을 하기에 힘들다.

우리는 몇 가지 흥미로운 연구에 대해 살펴본 후 왜 실제로 운동을 시작하고 이를 지속하는 사람이 별로 없는지에 대해 이야기를 나눌 것이다. 운동을 하지 못하게 막는 장애물들이 무엇인지 일단 이해하고 나면 장애물을 극복하고 최선을 다해 건강하고 활동적인 삶을 살 수 있게 될 것이다. 또한 운동이 가져다주는 놀라운 육체적·정신적 이점을 깨달을 수 있을 것이다.

뇌는 스스로 리모델링한다

내가 하버드 의과대학에 다닐 때만 해도 인간은 평생 사용하는 뉴런을 전부 가지고 태어난다는 이론이 정설이었다. 나이를 먹을수록 일부 잃기는 하겠지만 새로운 뉴런이 생성되는 일은 절대 없다는 것이었다.

그러나 이제는 뇌에 대해 더 많은 사실이 밝혀지고 있다. 뇌 촬영 기술의 급격한 발달로 새로운 뉴런이 항상 만들어지고 오래된 뉴런은 죽는다는 사실이 밝혀졌다. 이처럼 생성과 소멸을 반복하면서 우리의 뇌 구조는 신경가소성 neuroplasticty이라 불리는 리모델링의 형태로 계속해서 변화하고 현재 상황에 적응한다.

새로운 신경 회로는 우리가 세상을 인식하는 방식, 우리가 사고하는 방식, 우리가 행동하는 방식을 변화시키는 힘을 가지고 있다. 말하자면 우리가 앞의 1~6장에서 이야기 나눈 소프트웨어(사고 프로그램들)를 움직일 수 있게 해주는 육체적 하드웨어라고 할 수 있다.

적당한 운동을 하지 않으면 뇌는 성장하고 재편성하는 데 실패할 뿐만 아니라 수축할 수도 있다. 특히 스트레스는 기억과 계획을 관장하는 부분에서 세포 손실과 뇌 질량 감소를 일으킬 수 있다.

미국 보건복지부는 최소 일주일에 다섯 번 30분 동안 중간 강도의 운동(빠르게 걷기 등)을 하거나 일주일에 세 번 20분 동안 격렬한 운동(달리기 등)을 하라고 권고한다. 별로 많지 않은 시간을 투자해도 그 보상은 엄청나다. 일단 40대에 시작되는 뇌 질량의 감소를 예방할 수 있다. 그리고 뇌 기능이 최적화되고, 노화와 스트레스에 따른 인지능력 저하(불명확한 사고, 기억력 저하 등)의 많은 부분을 막을 수 있다. 또한 우울증 완화에도 큰 도움이 된다.

운동으로 우울증을 이겨낼 수 있다 ıı|ı||ı|||ıı

우울증은 개인의 삶과 국가의 경쟁력을 갉아 먹어가고 있는 대표적 질환 중 하나다. 미국의 경우 전체 인구의 16% 이상의 사람에게 영향을 미치고 있고, 치료비와 임금 손실을 계산해보면 연간 100조 이상의 비용이 드는 것으로 추정된다. 심지어 이 비용은 개인이 겪는 고통을 환산하여 합산하지 않은 금액이다. 만약 자신이나 주위의 사랑하는 사람이 우울증으로 고통받은 적이 있다면 얼마나 심각한 문제인지 잘 알 것이다.

우울증은 정상적인 일상생활을 영위하지 못하게 만들고 뇌에 변화로 인해 비관적 사고를 반복하게 되고 이로 인해 살고자 하는 의지가 사라지게 된다. 이러한 사고방식은 만성적 스트레스와 호르몬 변화를 일으키고 그 결과 신체에 이상이 생기고 뇌가 수축하게 된다.

우울증으로 인해 무력해지면 창조성을 발휘하고 회복탄력적 사고를 하는 것이 사실상 불가능해진다. 하지만 1999년 듀크 대학 의학 센터 연구팀은 중년과 노년 성인들의 중증 우울증을 치료할 때 에어로빅 운동이 약물만큼 효과가 있다는 놀라운 사실을 발견했다. 또한 운동이 인지능력(실행 기능이라 불리는)을 향상한다는 사실도 발견했다. 이 인지능력에는 기억력, 계획하고 구성하는 능력, 지적인 임무를 수행하는 능력 등이 포함된다. 게다가 보너스도 있다. 운동을 통해 강화된 인지능력은 우울증만을 치료했을 때 기대되는 인지능력보다 훨씬 뛰어났다.

어떤 종류의 운동이 우울증을 치료하는 데 도움이 되는지 알아보는 연구에서 50~77세의 첫 번째 운동 그룹 환자들은 일주일에 세 번씩 30분 동안 실내 자전거를 타거나 걷거나 조깅을 했다. 두 번째 그룹의 환자들은 세르트랄린(졸로프

트) 이라는 이름의 항우울제만을 복용했다. 그리고 세 번째 그룹은 운동을 하면서 동시에 처방된 약도 복용했다. 16주가 지나고 세 그룹 모두 상당한 호전을 보였고 거의 동등하다시피 한 결과를 보였다. 즉 이 연구는 운동이 그 자체만으로도 우울증을 완화할 수 있다는 사실을 말해준다. 이후에 이루어진 여러 연구에서도 비슷한 결과가 나왔다. 간단히 말하자면, 운동은 뇌를 더 좋게 만들어준다.

 *명심하기 바란다. 만약 당신 혹은 당신이 사랑하는 사람이 우울증에 걸려 있다면 즉시 의학적 도움을 구하기 바란다. 인터넷에서 우선 자가 테스트를 해볼 수도 있을 것이다. 우울증을 인식하지 못하거나 오진하는 경우가 많다. 그런 이유로 우울증에 걸린 사람들 중 적절히 치료받지 못한 약 15%의 사람들은 결국 자살을 한다. 이 책에서 하는 제안들은 우울증에 걸린 사람들에게 적합한 수준이 아니다. 우울증에 걸린 사람들이 있다면 의사와 상담해 어떤 방식이 자신에게 적합한지 결정하고, 만약 약을 처방받았다면 반드시 처방에 따라 정확하게 복용하기 바란다.

 우울증에 걸린 사람들은 전체 시간 중 약 65%의 시간 정도만 항우울제에 반응한다. 그렇기에 운동은 치료와 병행하면 좋은 중요한 보완 요법이다. 하지만 문제는 규칙적인 운동 프로그램에 등록하면 얼마나 좋은지 분명히 알고 있으면서도 우리 대부분 그렇게 하지 않는다는 것이다.

왜 우리는 운동을 하면 얼마나 좋은지 잘 알고 있으면서 정작 운동을 하려고 하지 않는 걸까? 건강 관련 기사나 건강 관련 프로그램에서 반복하는 수많은 격려에도 불구하고 전체 인구 중 절반에서 3분의 2에 이르는 사람들은 여전히 건강을 유지하는 데 필요한 최소한의 운동도 하지 않는다. 하지만 이제 운동이 뇌에게 어떤 영향을 미치는지 알게 되었으니 운동을 지속적으로 해야겠다는 생각이 들었을 것이다. 내가 어떻게 운동을 시작하게 됐는지 이야기를 들어보면 매우 흥미로울 것이다. 현재 운동을 규칙적으로 하고 있지 않다면 내 이야기를 듣고 운동을 시작해야겠다는 생각이 들지도 모른다.

의미 없는 시간 보내기는 이제 그만 ıl|||||ı

아이가 어렸을 적 우리 가족은 뉴잉글랜드 시골 마을에 살았다. 이웃과의 집이 서로 멀리 떨어져 있는 그런 곳이었다. 어느 날 이웃이 헐레벌떡 뛰어 들어오더니 길 아래쪽에 사는 집 부엌에 불이 났는데 방금 진화를 마쳤다고 말했다. 그리고 잔해를 치우기 위해 그 집 사람들이 도움을 구하고 있다고 말했다.

당시 뉴잉글랜드는 한겨울이었기 때문에 나는 코트를 단단히 여미고 이웃의 뒤를 따라 문을 박차고 나갔다. 이웃은 꾸준히 조깅을 하는 터라 무척 잘 달렸다. 나는 이웃의 뒤를 쫓아가려 애썼지만 1분도 지나지 않아 숨이 차기 시작했고 증기 엔진처럼 헉헉거렸다. 서른 살밖에 되지 않은 나였지만 노인이 된 것 같은 느낌이었다. 길 중앙에서 등을 구부린 채 두 손을 허벅지에 올려놓고 숨을 헐떡거리면서 거의 사경을 헤맸다. 그 순간 나는 몸에 관심을 가져야 할 때가 됐다는 사실을 깨달았다. 우리의 건강하고 평온해야 할 가장 훌륭한 안식처가 건강한 몸이지 않은가.

바로 그날 밤 텔레비전 프로그램에 한 50대 여성이 출연했는데 몇 년 전에 운동 삼아 달리기를 시작했고 현재는 매일 약 13킬로미터씩 조깅을 한다고 했다. 처음에는 집 앞에 있는 우체통까지 약 100미터 정도 달려갔다 돌아오는 것으로 시작했다고 했다. 그리 어려워 보이지 않았다. 나는 그녀가 해냈다면 나도 해낼 수 있을 것이라고 생각했다.

다음날 나는 세 살 아들 안드레이와 함께 집 앞을 출발했고 아들과 보조를 맞추며 일정한 속도를 뛰어갔다. 그러나 1분 후 나는 지쳐서 점점 속도를 늦추다가 결국 걷기 시작했다. 세 살 먹은 어린아이만도 못한다는 사실에 자존심이 상했지만, 아이들은 체구가 작아서 움직이는 부분이 적을 것이라고 애써 스스로 위안하면서 끝까지 포기하지 않았다. 뛰다가 걷다가, 뛰다가 걷다가. 방송에 나왔던 여성에 대해 생각하며 나는 즉석에서 주문을 만들고, 숨을 들이쉬면서 그 사람이 할 수 있다면 나도 할 수 있어.'라고 끊임없이 생각했다.

얼마의 시간이 흐르고 나는 작은 엔진이라도 단 것처럼 활기차게 움직일 수 있게 되었다. 몇 달이 지난 후 나는 평일에는 5킬로미터 정도 뛰고 주말에는 8킬로미터 정도 뛰었다. 몸무게가 꽤 많이 빠졌고 지방질 음식에 대해 갈망도 많이 사라졌다. 의학적으로 매우 흥미로운 사실은 고지방 음식이 BDNF(새로운 뇌세포 발달을 촉진하는 호르몬) 수치를 낮추는 데 반해, 조깅은 이 수치를 '높여준다'는 사실이다. 운동이 뇌를 키워주는 이유 중 일부가 바로 이 때문이다.

우리가 하는 운동과 먹는 음식이 우리 몸에서 서로 상충할 경우에는 어떻게 될까? 내 개인적 경험에 따르면, 몸이 일단 적응하고 나면 큰 노력을 들이지 않고도 입맛이 변하기 시작한다. 나는 운동을 시작하고 나서 과일과 야채를 더 많이 먹기 시작했고 지방을 덜 먹기 시작했다. 의식적으로 의도하지 않았는데도 말이다.

영양분 섭취와 기분 사이의 관계에 대해서는 알려진 바가 많지만, 여기에 자세하게 논의할 필요는 없다고 생각한다. 다만 영양학적으로 알아두면 좋을 한 가지 사실은 심장에 좋은 음식은 뇌에도 좋다는 것이다. 신선한 유기농 음식을 먹고, 지방과 당을 제한하고, 가공식품을 피하고, 하루 최소 5가지 종류의 과일과 야채를 먹는다면 기분이 훨씬 좋아지고 더 건강해질 것이다.

의미 없는 시간을 보내는 당신의 이유는 무엇인가? ꜜꜜꜜꜜꜜ

사람들이 운동하지 않는 가장 흔한 다섯 가지 이유는 다음과 같다.

- 운동을 하려면 시간이 필요한데 도저히 시간을 낼 여유가 없다.
- 운동을 시작하는 초기에 기분이 별로 좋지 않다.
- 너무 거창한 목표를 세워놓고 결국 포기한다.
- 다른 사람 아닌 나 자신에게 관심을 쏟는 것이 이기적으로 느껴진다.
- 그 밖에 당신이 즐겨 사용하는 핑계가 있다

예를 들어 '너무 덥다.' '너무 춥다.' '가입비가 너무 비싸다.' '자전거를 타기에 너무 가파르다.', '나이가 들어 몸을 가누기조차 힘든 애완견이 자기를 놓고 나가면 슬프게 운다.' '중요한 전화를 놓칠 수도 있다.' '아이를 축구 교실에 데려다 줘야 한다.' '운동용품을 아직 갖추지 못했다.' '배우자가 함께 해주지 않는다.' '아기가 낮잠 잘 시간이다.' '시험공부를 해야 한다.' '바람이 너무 세게 분다.' '바깥에 모기들 천지다.' '너무 살이 쪄서 운동복이 몸에 맞지 않는다.' 등등.

운동 프로그램에 등록하면 안정적으로 습관화되고, 규율을 잡아주고 지속적으로 참여할 수 있게 해준다. 정크푸드 먹는 것, 담배를 피는 것, 술을 마시는 것 등 즉각적인 만족감을 주는 안 좋은 습관들처럼 운동도 자연스레 몸에 배고 편안하게 느껴질 것이다. 계속 지속하기만 한다면 운동은 습관으로 남게 된다. 운동을 하면서 생기는 자기 통제감과 만족감이 매우 강력하기 때문이다.

더 즐겁고 더 스트레스가 적은 인생으로 뛰어들 준비가 되었다면(자신이 운동할 만큼 충분히 건강한지, 확신이 들지 않는다면 담당 의사의 소견을 먼저 구해야 한다.) 다음 몇 가지 조언을 참고하기 바란다.

- 자신에게 재밌고 시작하기 쉬운 운동을 선택하라.
개인적으로 나는 피트니스 센터에 가는 것을 선호하지 않는 편이다. 피트니스 센터에 가는 것은 직장에 가는 것과 별다를 바 없다고 느끼기 때문이다. 트레이너가 있고 모든 운동에 성적이 매겨지므로 일이나 마찬가지다.

반면 내 남편은 피트니스 센터를 사랑한다. 자신이 얼마나 발전했는지 바로바로 알 수 있고 러닝머신 위에서 뛰면서 뉴스도 볼 수 있기 때문이다. 또한 남편은 거의 항상 그곳에서 친구들을 만난다. 커뮤니티 센터와 비슷한 셈이다.

하지만 나는 개를 데리고 산책하거나, 자전거를 타거나, 시즌에 크로스컨트리 스키를 타는 것을 더 좋아한다. 이런 운동들은 집 앞에서 바로 시작할 수 있고 시간을 절약해주고 운동을 빼먹을 가능성을 더 줄여주기 때문이다.

- 운동을 타협 불가능한 가장 우선적 활동으로 생각하라.

자기 자신을 가장 우선으로 생각한다는 것은 스케줄의 구체적인 시간대에 운동시간이라고 적어놓고 중요한 약속처럼 소중히 여기는 것이다.

-친구나 애완동물과 함께 운동하라.

누군가 당신을 기다리고 있다면 운동하러 갈 일이 더 많아진다. 게다가 사회적 지지는 확실한 스트레스 해소제다. 그러므로 친구와 함께 운동을 하는 것은 다방면에서 건강을 증진시키는 일석이조의 방법이 될 수 있다. 운동 약속을 가장 잘 지키는 사람들은 반려동물을 키우고 있는 사람들이다. 만약 개를 키우는 사람이라면, 더 효과적일 수 있다. 개는 인간이 평균적으로 일주일에 걷는 시간의 배 이상을 걷는다. 개 때문에 부가적으로 더 걷게 되면 일주일에 평균 600kal가 더 연소되고 이 수치면 일 년에 5kg 정도 체중 감량 효과가 있다.

이번 장에서 우리는 빠르게 걷는 것처럼 중간 강도의 운동만으로도 얼마나 스트레스가 줄어들고 뇌가 성장하고 우울증이 완화되는지에 대해 살펴보았다. 또한 운동을 막는 여러 변명거리를 확인하고 극복하는 법에 대해서도 살펴보았다. 더 나은 삶을 살기 위해 가장 필요한 것은 지금까지 배운 것을 바로 실행에 옮기는 것이다.

다음 장에서는 새롭게 회복탄력성을 갖춘 당신이 어떻게 긍정적 미래가 되기 위한 비전과 목적을 찾을 수 있을지에 대해 생각해볼 것이다.

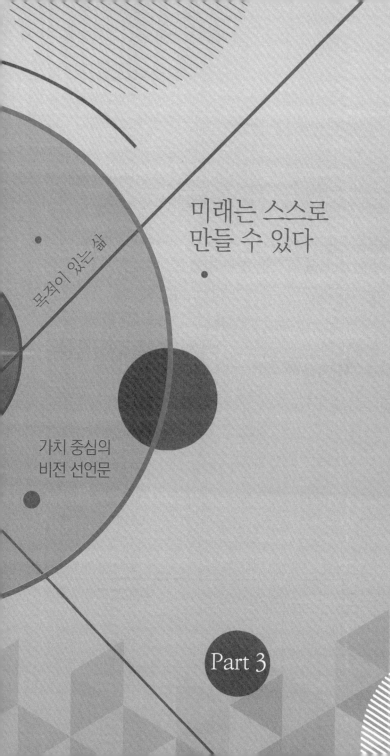

미래는 스스로
만들 수 있다

목적이 있는 삶

가치 중심의
비전 선언문

Part 3

Chapter 8

비전과 목적이 있는

삶

벤은 금발 곱슬머리를 가진 30대 초반의 젊은 남성이다.
벤은 암벽등반과 산악자전거 타는 것을 좋아하고 열성적인
환경주의자이자 응급구조 관련 자원봉사자이기도 하다. 그
의 부인인 에이미 역시 환경에 관심이 많고 운동을 매우 좋
아하며 두 아이의 건강과 교육에 힘쓰는 주부이기도 하다.
그녀는 네 살인 여섯 살인 딸 던과 아들 브레트를 홈스쿨링
으로 가르치고 있다. 이들 가족은 크게 부유하지는 않지만
별다른 지장 없이 생활을 꾸려나가고 있고 풍요롭고 사랑이
넘치는 가정생활을 영위하고 있다. 그리고 아름다운 태평양
북서 지방에서 많은 야외활동을 즐기고 있다.

다른 사람들에게 이로운 일을 직업으로 삼아 가족을 부양하고 바쁜 가정생활과 일의 균형을 잘 잡는 것이 벤이 고민하는 거의 전부였다. 벤은 4년 동안 작은 비영리 건강 클리닉에서 기금 조성을 담당하는 본부장으로 일했다. 하지만 경제 불황이 시작되면서 벤은 비영리 단체에 기부가 줄어들지 않을까 걱정했고 실제로 그렇게 되었다. 낙관적 현실주의자인 그는 흐름이 급변하는 것을 직시했고 자신이 진로를 수정하지 않으면 모든 것이 끝날 수도 있다는 사실을 깨달았다.[1]

벤은 미래에 초점을 맞추고 새로운 직업에 대해 고민하기 시작했다. 자신의 가치에 위배되지 않으면서도 불황을 이겨낼 수 있는 그런 직업을 찾고 싶었다. 고민 끝에 의료계 종사자가 되는 것이 좋겠다는 생각이 들었는데, 금방 세상에서 사라질 그런 종류의 직업이 아니기 때문이었다. 그는 의료 보조자로서 응급 상황에 대처할 때 느껴지는 흥분을 사랑했고 의료 시스템의 처음과 끝을 잘 알고 있었다.

그래서 그는 의사 보조(PA: physician assistant)가 되기로 결심했다. 의사 보조가 되기 위한 프로그램에 지원하기 위해서는 유기화학과 생물학 분야의 수업을 들어야 한다. 현재에도 벤은 여전히 기금 조성 담당자로 일하고 있으며 PA 프로그램에 등록하기 위한 조건을 충족하기 위한 수업을 듣고 있다. 미래를 자신에게 닥칠 어떠한 것으로 생각하기보다 벤은 스스로 의식적으로 미래를 창조하고 있다.

비전과 목적을 가지고 살라. 회복탄력성이 강한 사람들은 미래가 자신에게 닥치는 것을 수동적으로 기다리지 않는다. 그들은 의식적으로 미래를 창조함으로써 스스로 미래가 된다.

현재는 언제나 또 다른 가능성을 품고 있다 ·ılı|lı·

자신이 소중하게 생각하는 가치를 탐색하고 그 가치가 자신의 비전을 안내하도록 하면 현재 있는 곳과 앞으로 올 미래 사이에 다리가 놓여진다. 앞으로의 일을 마음속에 그려보는 일을 내 남편 고든은 '더블 비전'이라고 부르며, 더블 비전이란 표면적인 현실을 보는 능력과 그 아래에 놓여 있는 숨겨진 보물을 탐색하는 추진력을 말한다. 고든은 사회심리학자 에리히 프롬이 한 말을 즐겨 인용하곤 한다.

"현재는 또 다른 가능성을 품고 있다."

현재를 투시해 미래를 볼 수 있도록 도와주는 비전을 발달시킬 준비가 되어 있다면 다음 질문들에 대해 생각해보는 게 좋을 것이다. 앞에서 벤이 스스로에게 던졌던 질문들이다.

| 내가 가장 가치 있게 여기는 것은 무엇인가?
| 나의 가장 큰 강점들은 무엇인가?
| 내가 이미 가지고 있는 기술 중 어떤 기술을 가장 쉽고 새로운 상황에
  적용할 수 있겠는가?
| 어떤 새로운 기술이 나에게 필요한가? 그리고 어떻게 배울 수 있는가?
| 누가 나에게 조언해줄 수 있는가?
| 도움이 되어줄 수 있는 사람들이 있는가? 누구인가?
| 나와 유사한 관심을 가진 사람들의 네트워크가 있는가? 있다면 함께할
  수 있는가?

이 질문들에 대해 심사숙고해본 후 당신은 한 걸음 더 나아가 가치 중심의 사명 선언문과 비전 선언문을 만들 준비가 되어 있는지 판단해야 한다. 변화의 시대는 자신이 누구이고, 무엇인지 자신을 행복하게 만들고, 인생을 어떻게 살고 싶은지 탐색할 수 있는 자연스러운 기회를 제공한다.

당신이 최선의 미래를 그려보고 명확히 하는 데 어느 정도 시간을 투자할 준비가 되어 있다면 첫 발걸음을 떼는 데 다음 섹션이 도움이 될 것이다.

비전을 발견하기 위한 방법 4단계 ᵢᵢᵢ|||||||ᵢᵢ

이제부터 제시할 숙제를 하는 데 몇 시간 정도가 걸릴 것이다. 그러나 이 정도 시간을 투자할 가치가 충분히 있다. 혼자서도 할 수 있겠지만 몇몇 신뢰하는 친구들과 함께 하루 정도 시간을 내서 작은 그룹을 만들어 함께 해보는 것이 더 효과적일 것이다. 각자의 생각을 공유하면 모두의 통찰력이 깊어질 것이고 우정과 이해의 유대가 강화될 것이다. 전체 과정은 네 부분으로 이루어져 있다.

1. 자신에게 무엇이 가장 중요한지에 대해 생각해보라.

한 시간 혹은 그 이상의 시간 동안 당신이 가장 소중하게 여기는 가치들에 대해 적어보라. 다음은 몇 가지 도움이 될 질문들이다.

- 인생이 끝나가는 시점에서 뒤를 돌아봤을 때 무엇이 당신에게 가장 의미 있을 것 같은가? 당신의 유산이 무엇이었으면 좋겠는가? 자신이 자랑스러워할 만한 부고 기사를 스스로 써보라.

- 인생의 목적이 무엇이라고 생각하는가? 자신에게 어떤 특정한 운명이 있다고 믿는가? 만약 그렇다면 당신은 현재 올바른 길 위에서 서 있는가? 올바른 길 위에서 서 있지 않다면 어떤 식으로 경로를 변경할 것인가?

- 무엇을 할 때 가장 즐거운가? 당신의 강점과 재능은 무엇인가?

- 당신의 길을 가로막고 있는 장애물은 무엇인가?

- 당신이 사랑하는 사람들(아이들, 부모님, 친구들)이 당신에 대해 어떻게 생각하기를 바라는가?

- 어떤 종류의 일이 가장 하고 싶은가? 불가능이란 없다. 대통령이 되고 싶은데 중학교밖에 나오지 않았다고 해도 괜

찮다. 중요한 것은 자신이 가장 하고 싶은 일에 대해 꿈을 가지는 것이다. 어떻게 그곳에 도달할 수 있는지 고민에 매몰돼 꼼짝도 하지 않는 것이 아니라는 말이다.

- 더 배우고 싶은 분야가 있다면 어떤 분야인가? 이유는 무엇인가?

2. 내면의 멘토에게 길을 물어보라.

우리는 인생에 대한 의문을 가지고 있으며 현명한 멘토에게 기대고 싶을 때도 많다. 그러나 때때로 우리는 이미 정답을 알고 있다. 다만 잠재의식에서 그것을 끌어올려야 할 뿐이다. 이러한 잠재의식은 사적 경험을 넘어서는 더 거대한 지혜의 원천과 연결되어 있다. 다음 과정은 더 큰 존재와 연결되는 한 가지 방법이다.

- 생각에 잠길 수 있도록 편안한 상태를 만들라. 악기를 연주한다든지, 명상을 한다든지, 요가나 스트레칭을 한다든지, 편안한 음악을 들어보라.

- 약 20분 동안 앉아있을 수 있는 편안한 장소를 찾으라.

눈을 감고 심호흡을 열 번 하라. 그리고 매번 호흡을 할 때마다 계단을 한 계단씩 내려가고 있다고 상상해보라.

- 이제 계단을 다 내려왔다. 문이 하나 있고 이를 통과해 지나가면 아름다운 숲을 따라 길이 나 있다. 숲을 따라 걸어가다가 눈부신 햇살이 내리쬐는 확 트인 곳에 소박한 나무 벤치가 있다. 그곳에 앉으라. 이곳은 내면의 멘토가 항상 당신을 기다리는 곳이다. 주위를 둘러보고 멘토를 찾으라.

- 멘토에게 이름을 묻고 와준 것에 대해 고맙다고 인사하라.

- 마음에 떠오르는 아무 질문이나 해보라. 즉시 대답을 들을 수도 있을 것이고 나중에 일기장에 이 경험에 대해 적어볼 때 대답이 떠오를 수도 있을 것이다.

- 끝마쳤으면 멘토에게 고마움을 표현하고 다시 길을 걸어 돌아와 문을 통과해 계단을 올라와 앉아있는 곳으로 돌아오라.

- 눈을 뜨고 일기장에 이 경험에 대해 간략하게 적어보라. 찾고 있는 대답은 때때로 글을 쓰면서 더 명확해지기도 한다.

3. 비전 선언문과 사명 선언문을 작성하라.

당신은 자신이 소중하게 생각하는 가치에 대해 깊이 생각해보았고 자신만의 현명한 자아에게 조언도 구했다. 이제 당신의 관심사에 초점을 맞춘 비전 선언문과 사명 선언문을 적어볼 때다. 이 과정은 당신의 목표를 명확히 해줄 것이고 당신이 상상하는 미래를 현실로 만들 수 있도록 단계별 실행 계획을 만드는 데 기초가 되어줄 것이다.

- 비전 선언문은 당신이 확실하게 표현하고 싶은 이상적인 삶의 대한 것이다. 당신이 겨누고 있는 과녁이자, 당신이 의도하는 삶의 초점이다. 비전을 구체적으로 표현하라. 사랑, 일, 목적과 의미, 감정과 느낌, 영성, 재정 등을 포함해 인생의 모든 중요한 측면을 빼놓지 않고, 다루도록 신경 써야 한다.

다음은 나의 비전 선언문이다.

- 이번 생에서 나의 목표는 내가 이 세상에서 보고 싶은 변화

들을 스스로 이루는 것이다. 그렇게 할 수 있도록 나는 자발적이고 자유롭고 깨어있고 인정 많은 사람이 되고 싶다. 나의 일은 건강, 치유, 영성에 대한 주제로 책과 기사를 쓰고 강의하는 것이다. 나는 개인과 단체가 자신들의 온전한 잠재력을 깨달을 수 있도록 도울 것이다. 나는 사랑으로 얽힌 남편, 아이들, 손자들, 가까운 친구들과의 관계를 소중히 여긴다. 나는 풍요롭고 의미 있는 영적 삶을 영위할 것이다. 나는 건강을 최고 상태로 유지하도록 최선을 다할 것이고 가능한 한 많은 시간을 자연 속에 머무르도록 노력할 것이다. 아름다움과 조화를 창조해내는 것은 모든 면에서 아주 중요하다. 나는 지구에서의 시간이 끝날 때까지 적극적이고 균형적으로 일할 것이고, 경제적으로 독립적이면서도 다른 사람들에게 도움을 아끼지 않는 미래를 살 것이다.

사명 선언문은 개인이나 단체가 실제로 하는 일을 명확하고 간결하게 문장으로 묘사한 것이다. 사명 선언문은 자신의 활동에 집중할 수 있게 해주고 자신의 비전과 목표에 부합하는 기회들이 있는지 생각할 수 있도록 도와준다. 예를 들어, 직원들이 자기 회사의 사명 선언문을 잘 이해하고 있는 경우 이러한 회사는 다른 회사에 비해 매출이 29% 더 높다는 보고가 있다.[2] 정신-신체 건강 과학을 연구하는 곳인 내 회사

LCC의 사명 선언문은 다음과 같다.

 - 우리는 개인과 단체가 최선의 삶을 살고, 더 깨어있고, 인정 많은 세상을 만들 수 있도록 돕고 그들에게 영감을 주기 위해 사회과학, 생물학, 위대한 지혜의 보고로부터 얻은 정보를 종합하고 통합한다.

4. 비전 보드를 만들라.

자신이 창조하고 싶은 미래가 담겨 있는 이미지들을 전시하는 비전보드에 대해 들어본 적이 있을 것이다. 자신의 완벽한 이상형을 표현해주는 이미지를 찾았는가? 꿈의 직업을 보여주는 이미지는 어떠한가? 자신이 쓴 책이 베스트셀러 목록에 있는 모습은 어떠한가? 학교에 돌아가 다시 공부하는 것? 아이를 가지는 것? 마라톤을 하는 것? 노숙자를 도와주는 것? 중동 지방에 평화를 가져오는 것? 신과 만나는 것?

비전 보드를 만드는 과정은 브리콜라주의 형식을 띠고 있다. 수중에 있는 어떠한 것으로든 가장 창의적인 콜라주를 만들어내면 된다. 오래된 잡지를 쌓아두고 사진을 오린다든지, 인터넷에서 이미지를 출력한다든지, 자기 사진 앨범을 뒤져본다든지 하는 방법을 통해 비전 보드를 만들 수 있다. 비전 보드를 만들고 나면 매일 볼 수 있도록 눈에 잘 띄는 곳에 걸어놓기 바란다. 비전 보드는 바쁜 일상의 한복판에서 비전을 생생하게 구체화하고 목적을 굳건히 할 수 있도록 도와줄 것이다.

다음은 필요한 물품들이다.

- 가로 약 60센티미터, 세로 약 45센티미터 정도 되는 튼튼한 화이트보드. (더 큰 사이즈의 보드를 사용해도 상관없다. 나는 이 사이즈가 벽에 걸기 수월 하기 때문에 선호할 뿐이다. 사무실 공간에 어울리는 더 작은 사이즈의 보드를 만들기도 한다.)
- 오래된 잡지들, 신문들, 사진들. 기타 이미지를 얻을 수 있는 다른 것들.
- 풀, 가위, 기타 좋아하는 다른 재료들.

비전 보드를 사용하는 사람들은 경이로운 '동시성'을 경험했다고 말하고들 한다. 예를 들어 내가 아는 한 여성은 평화 단체에 들어가 아프리카에서 자원봉사 활동을 하고 싶어했다. 그러나 많은 노력을 기울였음에도 불구하고 2년 동안 꿈을 이루지 못했고 그녀는 희망을 잃기 시작했다. 하지만 비전 보드를 만들고 나서 약 한 달이 지난 후 그녀의 꿈이 이루어졌다. 그녀는 현재 우간다에 있고 에이즈에 걸린 아동들을 돕고 있다. 단순한 우연의 일치일까? 아니면 더 깊은 의미의 무언가가 있는 것일까?

자기 스스로가 자신의 실험대상이다. 비전 보드를 만들고 어떤 일이 일어나는지 지켜보라. 목표를 구체화할 수 있을 것이고, 충만하고 깨어있는 미래를 창조할 수 있는 긍정적인 첫걸음이 되어줄 것이다.

나의 비전 선언문

– 당신이 확실하게 표현하고 싶은 이상적인 삶을 서술할 것

사명 선언문

– 실제로 하는 일을 명확하고 간결하게 문장으로 묘사할 것

비전보드

목표   지금 무엇을 하는 것이 최선인가?

과정   잘못된 점이 있으면 체크하여 수정하라.

결과   결과에 만족하는가?

epilogue
일단 시작해보라!

◆◇◆

"수련이란 자신이 원하는 것을 기억하는 것이다."
– 데이비드 캠벨

우리가 아는 세상은 현재에도 해체와 재편을 동시에 겪고 있다. 하지만 지금이 세상의 끝은 아니다. 더 공정하고, 따뜻하고, 협력적인 시대가 시작되고 있다. 그렇지만 불확실성이 우리의 일상을 지배하고 있고 혹독하고 거대한 변화의 시기 한복판에 내던져져 있는 것 또한 사실이다. 다음의 10가지 간략한 조언은 대전환의 시대를 온몸으로 이겨내고 자신과 미래 세대를 위해 더 긍정적인 결과를 창조해낼 수 있도록 도움을 줄 것이다.

1. 과거를 바꾸려고 애쓰지 말라.

과거는 이미 역사다. 더 나은 미래를 창조하는 데 에너지 전부를 쏟으라.

2. 회복탄력적 사고를 하라.

다음 방법들을 삶에 적용하라.

- 현실을 직시하고 수용하라.
- 현재 상황에서 긍정적인 의미를 발견하라.
- 가능한 한 모든 수단을 동원해 해결책을 임시변통하라.

3. 피해의식을 즉시 버리라.

원한을 버리고 자신의 힘을 되찾으라.

4. 규칙적으로 운동하라.

스트레스는 뇌를 수축시킨다. 하지만 적절한 운동을 시작함으로써 흐름을 전환할 수 있다. 이에 대해 절대 긍정적인 믿음을 가지라.

5. 앉아만 있지 말고 무언가를 하라.

낙관적 현실주의자는 행동을 취한다. 반면에 막연한 희망적 사고는 가망이 없다.

6. 무작정 하지만 말고 앉으라.

명상은 이완반응을 이끌어냄으로써 스트레스를 줄여준다. 또한 더 나은 미래를 만들 수 있는 방법을 임시변통하는데 필수적인 우뇌 사고를 촉진시켜 준다.

7. 인생에 적극적으로 뛰어들라.

소외와 고립은 스트레스와 우울을 낳는다. 만약 우울증에 걸렸다면 즉시 의학적 도움을 구하기 바란다.

8. 흐름을 전환하라.

다른 사람을 도우면 자신만의 문제에만 집착하지 않게 된다. 그리고 스스로를 치유하고, 영감을 주고, 인생에 의미를 더해주는 기분 좋은 호르몬들이 분비된다.

9. 하루를 마무리할 때마다 고마워해야 할 새로운 일을 한 가지씩 생각해보라.

감사하는 마음과 긍정적인 감정들은 회복탄력성을 높여주고 더 마음이 넓고 관용적인 사람이 될 수 있도록 도와준다.

10. 친구와 소통하라.

이 책에서 배운 것들을 친구와 함께 실천해보라. 긍정적이고 적극적인 변화들을 만들어가면서 서로 힘이 되어줄 수 있을 것이다.

Chapter 1

1

미키 루크Mickey Rourke / 2009년 2월 9일 「타임」지의 '10가지 질문' 에서 멕시코 케레타로의 호세 G. 카밀의 질문에 답하며.

2

T.H. 홈즈Holmes와 R.H. 레어Rahe / 「사회 재적응과 평가 척도 The Social Readjustment Rating Scale」 *J Psychosom Res* 11(2) 213~, 1967. / R. H. 레어와 R. J. 아서Arthur, "「생애전환과 질병 연구 과거의 역사와 미래의 방향Life Change and illness Studies Past History and Future Directions」. *J Human Stress* 4(1) 3~5, 1978.

3

「하트퍼드 신보Hartford Courant」 기자인 리사 체드켈Lisa Chedekel이 쓴 기사 / 「스트레스 없이 전투에 임하기? 회복탄력성이 가장 높은 군인들에 대한 연구Facing Combat Without Stress? Researchers Examine Most Resilient Soldiers」, 2007년 8월 26일 재향군인관리국 뉴스 플래시로 발행되었다. 웹페이지

http://www.vawatchdog.org/07/nf07/nfAUGO 7/nf082607-7.
html에서 찾아볼 수 있다.

4

다이앤 L. 코투Diane L. Coutu, / 「회복탄력성이 작용하는 법How Resilience Works」. 「하버드 비즈니스 리뷰Harvard Business Review」. 2002년 5월.

5
위의 책

6

조지 E. 베일런트George E. Vaillant, / 「긍정적 감정, 영성, 그리고 정신의학의 실제Positive Emotions, Spirituality and the Practice of Psychiatry」. Mens Sana Monographs 6(1) 48~2, 2008.

7
위의 책, p.48~2.

Chapter 2

1

다이앤 L 코투, / 「회복탄력성이 작용하는 법」「하버드 비즈니스 리뷰」
2002년 5월.

2

스티븐 사우스윅 Steven Southwick 박사의 말은 리사 체드켈의 앞의 기사에서
인용했다.

3

스트레스 내성에 대한 살바토레 마디 Salvatore Maddi 박사의 연구에 대해서는
미국심리학협회의 온라인 시리즈 '심리학 연구 Psychology Matters' 중 논문 −
「레몬을 레모네이드로 바꾸는 법 스트레스 내성은 스트레스 상황을 기회로
전환할 수 있도록 돕는다 Turning Lemons into Lemonade: Hardiness Helps People
Turn Stressful Circumstances into Opportunities」를 참고했다. 2003년 12월 22일
에 발행됐고, 웹페이지 http://www.psychologymaters.org/hardiness.
html에서 찾아볼 수 있다.

Chapter 3

1

데이비드 윌리엄스 David Williams. / 「기적은 어떻게 일어났는가 체슬리 술렌버거 기장이 155명의 생명을 구할 수 있었던 이유 Anatomy of a Miracle How Captain Chesley Sullenberger's Skill Saved 155 Lives」 Mail Online, 2009년 1월 17일.

2

조지 E. 베일런트, / 「긍정적 감정, 영성, 그리고 정신의학의 실제」, Mens Sana Monographs 6(1): 48~2, 2008.

3

일본 신도 神道 전통에 대한 예는 빌리프넷 www.beliefnet.com의 논문 인용. 신념과 영성에 대한 정보를 얻을 수 있는 최고의 출처 중 하나다.

Chapter 4

1

하라 에스트로프 마라노Hara Estroff Marano, / 「생각에 빠져 있는 우울증: 부정적 사고를 긍정적 사고로 전환하라 Depression Doing the Thinking Take Action Right Now to Convert Negative to Positive Thinking」, Psychology Today magazine, 2001년 7월/8월호 http:// psychologytoday.com/articles/ pto-20030807-000004.html.

2

패티 우튼 Patty Wooten과 에드 던켈블로 Ed Dunkelblau, / 「비극, 웃음, 그리고 생존 Tragedy, Laughter, and Survival」 Nursing Spectrum : Career Fitness Online, 2001년 10월 22일

3

'알아차림의 기적 The Miracles of Mindfulness' / 베트남 승려이자 명상 지도자인 틱낫한이 쓴 책의 제목에서 따왔다. 이 책의 한국어판은 〈거기서 그것과 하나 되시게〉(나무를 심는 사람, 2002).

Chapter 5

1

남편 고든 드베이린Gordon Dveirin과 함께 쓴 책 〈영혼의 나침반 Your Soul's Compass〉 / 인터뷰했던 의학 전문가 니나 짐벨만 Nina Zimbelman은 현실을 직시하고 싸움을 포기하는 것에 대해서 이렇게 이야 기했다. "현실을 더 수용할수록 더 평화로워집니다. 급변하는 흐름 속에서 진로를 수정하지 않으면 불모지에서 모든 것이 끝날 수도 있습니다.

2

http://humanresources.about.com/cs/strategicplanning1/a/ strategicplan.html.